数字经济与数字货币

人民币的新角色

程实 高欣弘 —— 著

中国人民大学出版社
·北京·

推荐语

货币的演变一直伴随着人类文明的进程。在中国，贝币大概是最早的货物交换媒介，其出现的时间不晚于新石器时代后期，到夏商时期已广泛应用。后来几经变迁，从各种金属货币、纸币，发展到今天新潮的加密货币。未来的货币到底走向哪里？谁输谁赢？这些是摆在众人面前的大话题。程实和高欣弘的著作《数字经济与数字货币：人民币的新角色》给我们以全面系统的分析、解答，值得关注。

——陈志武

香港大学商学院金融学讲席教授，曾任耶鲁大学金融经济学教授

这是一本及时且通俗易懂的好书，从历史发展、国际地缘政治、金融与产业逻辑、新兴应用场景等多维度，融会贯通地探讨了数字人民币将如何促进数字经济生态下的创新、生产力、监管及国际化等重要议题。

——肖耿

香港国际金融学会主席、香港中文大学（深圳）高等金融研究院政策与实践研究所所长

现今的时髦词"数字人民币"并非"数字化"和"人民币"的简单组合。程实博士用风趣幽默、通俗易懂的方式，将数字货币背后蕴含的深奥经济学原理展现给读者。该书将重点放在货币发展的现状以及对未来货币的展望上，为读者答疑解惑。不论是否认同作者的观点，这都是一本可以启发我们对于数字经济和数字货币问题的思考的好书，值得一读。

——管涛

中银证券全球首席经济学家

身处百年未有之大变局，数字经济蓬勃发展，数字货币加速进化，国际货币体系正进入数字化和多元化变革的新阶段，人民币的新角色令人期待。本书聚焦热点，深入浅出，有趣有料。诚意推荐。

——沈建光

京东集团首席经济学家

对于绝大多数人来说，数字经济和数字货币实在是干涩的技术话题，但程实的新书《数字经济与数字货币：人民币的新角色》不同：打开书的序言，你就会感到一种音乐和哲学的气息扑面而来。程实眼中的"货币"，应该和时间一样，因为只有这样才能解决微观稀缺性和宏观增长性之间的永恒矛盾。数字经济和数字货币的出现，让人类离这个古典的"理想"近了一步。从文明和经济形态的理想演进，落回人民币和数字人民币的现实场景，程实这本书，值得用培根的一句话做推荐——"选择机会，就是节省时间"。

——香帅

金融学者

比特币、Diem 与央行数字货币，三种形态各异的数字货币，究竟是各领风骚还是优胜劣汰？本书认为，数字货币的未来取决于有没有合规监管、能不能深度融入现实场景、是否尊重历史规律。数字货币的多样性恰好与数字经济的多样性相匹配。本书指出，下一代数字经济的三大派系分别为原始森林（加密范式）、国家公园（美国范式）与东方园林（中国范式）。本书融汇了程实博士对数字经济与数字货币的长期观察与深入思考，视角新颖、材料新潮、论证有力、文字优美，绝对值得一读。

——张明

中国社会科学院金融研究所副所长、国家金融与发展实验室副主任

数字货币能否解决货币的微观稀缺性和宏观增长性之间的矛盾？数字货币是否代表了货币未来进化的方向？对于专业研究者，这些问题令人兴奋。从实践来看，我最关心的还在于数字货币对国际货币体系的重构性影响以及数字人民币的新角色。尽管很多问题"犹未可知而又若隐若现"，但本书的探讨实在值得我们深入学习、借鉴。

——管清友

如是金融研究院院长

<<< 序言
货币的未来和未来的货币

程 实

工银国际首席经济学家

现如今,科学技术加速进化。经济学理论和现实经济世界的天才变革,总是或多或少地带着一点科幻色彩。就像1992年的科幻小说《雪崩》,一不小心就创造了30年后金融市场大热的经济概念——元宇宙。而2011年的科幻电影《时间规划局》(*In Time*),在我看来,则是无意间对未来货币进行了最超前、最朋克和最终极的一种展示。即便现在的比特币、以太坊、稳定币和央行数字货币(CBDC)看上去都很酷,但从货币职能和机制设计的角度看,这些也都和电影里展示的货币相形见绌。

《时间规划局》里的未来人类世界只有一种货币,就是时间。每个人从25岁开始,手腕上出现一串倒计时的数字,这个数字走到零,人的生命就随之终结。开始倒计时的时候,每个人都只有一年时间,通过劳动、借贷、交易和抢劫可以获得更多的时间,而每一点消费、投资、支出甚至是被抢劫则会导致扣除相应的时间。也就是说,人体像是数字钱包,而时间确确实实就是金钱。

从经济学的角度看,这几乎是一个完美的设定。货币之所以从远古时代出现,并逐步从贝壳、金银,演化到美元、人民币等,本质上是为了满足和便利人类经济生活的各种需要。这些需要具体引致了货币的五种古典职能:价值尺度、流通手段、贮藏手段、支付手段和世界货币。一旦时间变成货币,这五大职能均得以完美体现,甚至得到显著优化。时间是同质的、无形的,无法伪造,理论上还具有无限拆分的可能,所以,时间作为货币,可以轻易做到公平的标价、方便的流通、放心的储蓄和广泛的支付。

更重要的是,这种机制悄然解决了货币自诞生起就始终存在的关键痛点,那就是微观稀缺性和宏观增长性之间的深层矛盾。一方面,从微观角度看,货币需要具备坚挺、稳定的内在价值,所以货币必须是稀缺的,金银有限的自然产出和纸币审慎的政府供应都是这种稀缺性的保障;另一方面,从宏观角度看,货币是人类经济活动不可或缺的中间介质,人类经济活动的膨胀必然要求货币供应的持续增长。简而言之,抽象来看,货币供应量从微观上要求是有限的,从宏观上要求是无限的,这毫无疑问是一对难以调和的矛盾。这对矛盾,对于金银这类实物形态的货币而言,基本无解;对于纸币这种由政府主导的信用货币而言,很难平衡。但如果时间是货币,这对矛盾就迎刃而解。对于每个人而言,时间是有限的,非常宝贵;对于整个宇宙而言,时间又是无限的,不愁供应。一切不言自明、顺理成章。

看上去很美，但为什么人类世界没有采用这种用时间当货币的天才设计？原因很简单，伦理上有争议倒是其次，关键是技术上做不到——科幻电影毕竟还仅限于科幻层面。货币是什么看上去很简单，但一样东西要成为货币，需要一整套与之匹配的经济金融体系保障其有效发挥功能。这套货币运转体系，需要足够先进、成熟的科学技术提供底层支撑，需要足够长期、稳定的行为习惯确保民众接受，需要足够智能、高效的监管机制维护权力制衡。毫无疑问，就人类经济世界目前的生产力水平而言，时间作为货币还只是一个理论上完美的天才设想。

虽然本质上不切实际，但《时间规划局》的脑洞大开依旧富有价值，它展现出的科幻场景让我们更清晰地看到货币体系发展与变革的目标所向。货币的未来不仅是一个个静态的选择，更是一连串动态的进化。进化可能没有终点，但至少在可预测范围之内，货币的未来无疑将朝向一些笃定的方向：第一，更加轻质化。从农耕经济到工业时代，再到数字经济甚至未来的星际时代，人类经济活动的体量正在并还将快速膨胀，任何实物形态或低数据效率的货币可能都难以承载这个体量所带来的货币需求，所以，在物理层面和数据流量上，货币都会变得更轻。第二，更具普世性。不管是去中心的还是有中心的、有实物的还是无实物的，货币在越来越广泛的空间、时间和场景中的使用，势必需要建立在更加包容并蓄、坚实可靠的共识与信仰之上。第三，更含层次感。人类经济世界，无论是朝向短期的百年未有之大变局，还是面对更星辰大海般的宇宙时空，都遍布复杂诡谲的文明冲突，因此，货币很难只是一个单一选择，而更加体现出层次分明的系统性。第四，更有革命性。就像《三体》小说里的人类一样，基础科学的瓶颈限制了经济金融创新的天花板，而伴随生产力从量变转向质变，人类经济活动势必将突破瓶颈，迎来更显著的边际变化。如果说数字货币的出现已经体现出这种革命性，那么，未来的创造性破坏还将变得更富想象力和更具颠覆感。

毫无疑问，货币的未来，将朝着功能拓展、形态变化、精神升维的方向持续进化。我们关心货币的未来。这个未来，清晰又模糊，笃定又不确定。我们同样关心未来的货币。未来的货币是什么？数字货币不一定是终极答案，但它必然构成货币演化的一环。更具体一些，如果数字货币必然代表着进化方向，那么，哪一种数字货币将戴上皇冠？野蛮生长的比特币？亦正亦邪的稳定币？还是根红苗正的央行数字货币？

实际上，这三种数字货币形态代表着三种截然不同的货币信仰和货币生态，象征着从完全独立到现有衍生、从放任自流到有序监管的理念抗争。从现有信息客观分析，未来的数字货币，可能是三者中的其一，也可能是三者以某种形式的融合，甚至可能是与三者无关、尚不可见的另外一种选择。这个答案看上去很像一句正确的废话，但也恰恰说明，人类货币体系的变革正处在一个将变未变、易变多变的敏感时期。

在这样一个充满不确定性的关键阶段，我们更加需要确切地知道：未来的货币，是人类经济社会矛盾冲突的伴生产物。

经济基础决定上层建筑，内在矛盾影响演化进程，文明生态映射货币结构。人类经济社会的数字化进程有多快，数字货币对现有体系的颠覆就会有多彻底。比特币、稳定币和央行数字货币各自的优点与缺陷既突出又不突兀，关键是看未来的货币需求更偏好于什么样的优点，同时更无法包容什么样的缺陷。不同文明的经济理念和而不同，有的看重开放，有的提倡内敛，有的偏爱自由，有的偏向守序；货币体系在多层次基础上的主流导向，无疑将受到文明竞争的深远影响。

总之，货币的未来决定了未来的货币，未来的货币又将影响货币的未来，犹未可知又若隐若现，这才是我们细致研究、拭目以待的乐趣所在。

是为序。

2022 年 8 月

目 录

第一章　从工业文明到数字文明 …………………… 1

一、数字革命与历史拐点 …………………… 5
二、数字经济由虚入实 …………………… 18
三、中国的机遇 …………………… 31

第二章　数字经济带来全新的经济形态 …………… 39

一、数字经济与经济增长 …………………… 42
二、数字经济与平台经济 …………………… 48
三、数字经济与国货崛起 …………………… 52
四、数字经济与圈层文化 …………………… 57
五、数字经济与制造业 …………………… 65

第三章　数字经济将如何进化 …………………… 77

一、谋求强大的数字生产力 …………………… 80
二、谋求对等的数字化生产关系 …………… 86

三、"有形之手"加速数字经济生态进化 …………… 95
四、元宇宙：数字经济进化的终极形态 …………… 102

第四章 适配于数字经济的数字货币 …………… 113

一、什么是数字货币 …………… 116
二、为什么是数字货币 …………… 121
三、数字货币与数字经济深度耦合 …………… 126

第五章 谁是数字货币时代的主角 …………… 139

一、比特币：自由意志主义的社会实验 …………… 142
二、Diem：出道即巅峰的跨境支付新愿景 …………… 151
三、央行数字货币：后起之秀的主流正统军 …………… 163

第六章 数字人民币的设计与应用 …………… 179

一、数字人民币的推出基于何种考虑 …………… 183
二、数字人民币与支付宝、微信 …………… 187
三、数字人民币将带来什么影响 …………… 198
四、数字人民币的拓展空间 …………… 202

第七章 数字人民币如何走向世界 …………… 207

一、数字货币跨境支付畅想 …………… 210
二、人民币国际化为何迟迟难以突破 …………… 216
三、数字人民币开启人民币国际化新时代 …………… 220

四、国际货币体系升维洗牌 …………………………… 225

第八章 数字经济与数字货币的生物多样性 ……………… 229

一、中美理解的元宇宙大不同 ………………………… 232
二、中美数字货币大局观 ……………………………… 242
三、从 NFT 看数字经济发展三大范式 ……………… 248

参考文献 …………………………………………………… 256

第一章
从工业文明到数字文明

选择机会,就是节省时间。

——培根

提起数字经济，大多数人第一时间都会联想到直播电商、短视频平台和共享经济等时下盛行的互联网虚拟经济形态；而提到数字货币，大多数人的第一反应则往往是比特币、以太坊等风险波动极大的虚拟货币。事实上，数字经济与数字货币远不止于上述形态，它们的重要程度与实际内涵正在被低估甚至曲解。口说无凭，数据往往才是最真实的写照，以下两组数据或许会颠覆你对数字经济与数字货币的认知和想象。

根据中国信息通信研究院的统计口径，2020年全球数字经济占GDP比重已经达到了43.7%；中国略低于全球平均水平，数字经济占GDP的比重为38.6%。也就是说，在2020年中国100多万亿元的GDP规模总量中，已有近40万亿元是由数字经济直接或间接参与创造的。因此，数字经济并不是看不见、摸不着的虚拟经济，它不仅有助于个人生活水平的提高，还关乎每家企业的未来发展路径选择，甚至将左右各个国家在未来新的竞争格局中的战略地位。

此外，根据国际清算组织协会的统计，2021年全球有86%的国家央行开始关注央行数字货币，60%的国家央行正在试验相关技术，14%的国家央行已经开展了试点工作，其中中国、瑞典、巴哈马等国已率先发起试点测试。据中国人民银行透露，截至2021年年底，中国的数字人民币试点场景已经超过800万个，累计开立个人钱包 2.61 亿个，交易金额 875.65 亿元。这意味着，数字货币早已不限于极客和投机者的自娱自乐，全球央行与监管机构都极为关注数字货币的最新进展。

以宏大的历史视角来看，人类正从工业文明正式步入数字文明，随之而来的将是重大的长周期拐点。而拉近视角来看，无论在资本市场还是在日常生活中，近两年大家最关注的反垄断、硬核科技和元宇宙等热点话题，也无一例外都与数字经济有着千丝万缕的联系。由此可见，当前正值数字经济和数字货币长趋势与短趋势的关键交汇点。在时代的浪潮面前，不管是企业还是个人，选择往往比努力更为重要。站在这一历史的十字交叉路口，先人一步理解数字经济和数字货币即将带来的变革，将不失为一种帮助我们审时度势、辨明方向的有效之举。

一、数字革命与历史拐点

◎ 疫情催化数字革命

"世界以痛吻我,我却报之以歌。"2020年的全球"黑天鹅"新型冠状肺炎疫情,短期内对脆弱的全球经济无疑是雪上加霜,全球供应链、就业和民生、企业经营、政策应对乃至社会意识形态均面临大考。就此,全球经济出现深度衰退,多个主要经济体均出现负增长。时至今日,疫情的影响仍在继续。

然而,阵痛过后也是新生。以更长远的历史视角观察,新冠肺炎疫情造就了供需双弱的独特萧条场景,却也加速了全球经济的艰难蜕变。疫情使实体商品与资产的价值创造行为受到物理约束,以数据为关键生产要素的数字经济却因此获得了一次群体扩容的契机。为减少物理接触,此次疫情成为人们从物理世界全面迈入数字世界的演习。数字经济的大时代正在加速到来,并催生四重历史拐点的形成。第一,疫情催化了数字经济的加速进化与重心下沉。新技术将救赎数字经济痛点，激发互联网的新一轮增长红利。第二，疫情引发对全球供应链的担忧，各国加速布局5G、工业互联网、数据中心等数字经济基础设施建设，推动工业自动化、智能化与规范化，促进全球化利弊的再平衡。第三，疫情的短期冲击柔化增速目标。数字经济以其"高乘数"效应，接棒粗放型经济增长模式，助力新兴市场国家迈过发展瓶颈期。第四，疫情下美元流动性危机昨日重现，央行数字货币或将革新货币创造方式，动摇国际货币体系的霸权结构。展望未来，人类社会的运行轨迹或将就此转变，疫情正如按下"快进键"，一场意欲重塑全球经济格局的数字革命正蓄势待发，让全球经济加速穿越存量博弈的厮杀，从而锻造升维竞争的全新赛道。

纵观改变人类历史轨迹的大瘟疫，盛极一时的古希腊因雅典瘟疫而不复荣光；而欧洲中世纪原本艰难的社会转型却因"黑死病"变得顺畅，为文艺复兴、宗教改革乃至启蒙运动埋下伏笔。时至今日，医疗技术、救助设施乃至隔离措施都已发生了根本性的变化，人类不再对病毒一无所知，但蔓延全球的新型冠状肺炎疫情仍然正在影响当今社会运行的轨迹。以长期视角看，突如其来的疫情刺破了虚伪的繁荣，却也为原本举步维艰的数字转型卸下沉重的桎梏，加速了长趋势的形成（如图1-1所示）。

疫情催化数字革命，加速历史拐点的形成。当前，人类社会正从物理世界全面迈入数字世界，虽然计算机、智能手机以

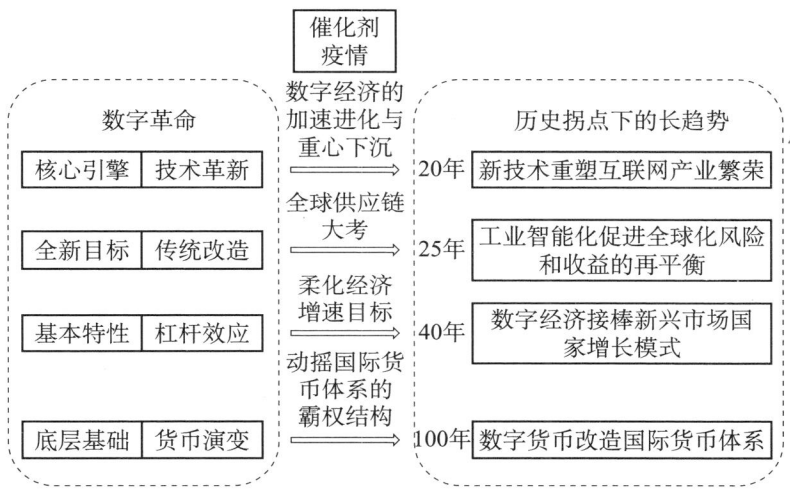

图 1-1 疫情催化作用下数字革命加速历史拐点的到来

资料来源：ICBCI Research。

及网络技术的普及初步改变了人们的生活与消费习惯，但数字经济并非单纯的产业革命，它革新了价值创造的方式，再定义了价值分配的过程，与植根于传统实体经济的旧思想、旧秩序以及旧阶层存在显著的矛盾。因此，数字经济与新思想秩序的融合统一仍在磨合之中，新思想秩序尚未形成，反向遏制了数字经济的进化。疫情作为催化剂，迫使人们首次完全从物理世界中脱离，反思现实世界的因与果，或将加速适应于数字经济的社会秩序与道德文化的形成。由此，真正意义上的数字革命即将来临，全球经济、贸易关系、国际格局乃至货币体系都将迎来历史拐点。

◎ 历史拐点之一：技术革新

第一重拐点是二十年量级的技术革新之拐点，以新一代信息技术为核心引擎，重塑互联网产业繁荣。

自进入 21 世纪，苹果、微软、亚马逊等大型科技企业领袖涌现，迅速以互联网硬软件技术改造世界，顺势造就了互联网相关产业的蓬勃发展，成为推动全球经济增长的主心骨。然而 We fire Social（维奥思社）及 Statista 发布的数据显示，2021 年全球互联网用户已达 48.8 亿，渗透率超过 60%，同比增速却在不断下降。更具代表性的是，智能手机出货量在 2018 和 2019 年迎来两连降。这意味着在市场成为主流后，依赖传统意义上的消费下沉进行扩张型增长已经失效，消费互联网的发展遇上天花板。相反，数据使用、产权界定、寻租现象与数字霸权四大隐患逐步凸显，带来比传统经济更高的摩擦成本。在此情形下，区块链、云计算、人工智能等新一代信息技术的突破，或将成为数字经济痛点的救赎之道，重塑下一个版本互联网的繁荣。

虽然技术进步的方向已经明确，但技术革新的速度却并不如预期。自智能手机出现之后，新的科技革命成果迟迟未至，由消费互联网向产业互联网的跨越式发展也遭遇阻滞。所谓需求决定供给，企业数字化转型的意愿不足是制约产业互联网发展的重要原因。缺乏需求，科技创新的动力也随之减弱。消费互联网的目标受众是个人，产业互联网的目标受众则是企业。

相较个人，企业对产品与模式的黏性高，试错成本高昂，需求难以快速迭代。虽然从长期来看，推陈出新的众多模式有助于企业提效降费，但当下其并非企业刚需。考虑到一般场景下，改革传统的企业架构具有高额的隐性成本，且改革成本与企业的成熟稳定性成正比，因此大型企业往往需要根据成本收益比权衡再三。大量的模式创新却因与客户需求脱节而未能获得市场的认可。数字经济向企业进军之路上，企业拥抱新模式存在实质的财务束缚。

此次疫情的特殊场景提升了客户需求与模式创新的适配程度，催生数字经济一次新的路径跳跃，由流量红利的争夺进阶为新生需求的挖掘，从而对企业及个人产生长期影响。过去，由于"路径依赖"及"试错成本高昂"的企业特性，被初创或者互联网企业接受的在线办公、在线销售等 SaaS 软件，在大量需要提效降费的大型或者传统企业那里只能浅尝辄止。但在此次疫情管控的特殊场景之下，由于复工进度延迟，迫于现金流压力的企业开始主动寻求服务，将工作场景向线上迁移，尽可能减少对收入端的负面影响。

更为关键的是，疫情下的压力测试带来的不只是短期效果。数字经济对全球经济格局的全面改造正式步入实质性阶段，自我强化还将继续加速兑现。个人的喜好可随时转换，企业的决策却不能瞬息万变。我们需要认识到此次疫情推动的企业服务，其潜在客户群体在选择上具有高黏性。企业搭建数字化运营平台等一次性资本投入后，成本将摊薄至企业后续生命周期，因此在疫情结束后，群体扩容将至少持续两年。由企业传导至个人，在线办公与在线销售等数字化运营模式的建立，也将推动个人非接触服务消费下沉的持续。

此外，在疫情防控中，人们对信息透明度的重视同步催生了区块链技术的广泛应用场景。例如，将救济物资的运输与使用过程上链，保证数据不被篡改，有效地遏制了出于私人利益的寻租现象。因此，我们认为，以技术革新为核心引擎的数字革命将促进二十年历史拐点的形成，挖掘互联网产业的新增长红利。

◎ 历史拐点之二：生产方式变革

第二重拐点是二十五年量级的生产方式之拐点，以传统改造为全新目标，促进全球化利弊的再平衡。

以 1995 年世界贸易组织成立为标志，全球经济逐步呈一体化，高收入国家从中攫取更高的附加值，低收入国家也因此获得了学习先进技术与经验的机会，两者互相补益促进了全球经济的增长。据世界银行统计，2000—2017 年间，最惠国关税税率不断下降。但 2018 年以来，国际环境动荡，贸易摩擦频发，以中美关税税率的提升为标志，全球化进入退潮期。

贸易冲突的根源在于过去二十年间全球价值链的重塑。区域化合作方式的植根、世界工厂生产重心的转移以及以中国为代表的新兴市场国家内需的激增，均引致了国际分工合作模式的底层裂变。过去二十五年来，伴随全球贸易的自由化和一体化，跨国公司习惯将产品制造流程以要素比较优势划分为不同环节，再以中间品对各市场进行跨境外包，最终通过整合各国在协作与分工上的成本优势，实现贸易成本最小化。然而，在新一代信息技术驱动下，原有的全球价值链体系正在被重塑，这种重塑伴随着全球价值链上的三重变化。

一是价值链垂直化分工正在瓦解。由于新一代信息技术的发展，价值链上中高端产品供应方可通过大数据、云计算和智能技术向价值链中下游进行渗透和取代。比如，通过训练智能机器人对低端制造活动进行模仿和深度学习，可部分实现对低技能劳动的替代。

二是价值链上的数据安全受到重视。以中、美、德为代表的核心市场在通过利用自身市场规模和技术优势相互进行产业渗透的过程中，数据安全性愈发受到各国重视。另外，伴随全球贸易保护主义抬头，民粹主义兴起，欧美国家近年来重新重视制造环节，并有计划地推动制造业回流。这也使得欧美国家对自身产业链的控制权与安全意识不断强化，从而促使区域性的综合产业链在中、美、德三国不断并发式构建。

三是产业链上互联网与金融资本垄断加剧。数字制造从生产环节初期就需要庞大的数据进行分析预测，这使得数据提供者对制造业活动的引导控制大大加强。当前数据的创造和提供基本由全球互联网巨头掌控，它们利用庞大的客户群体和数据对价值链的增值能力，吸引大规模的金融资本，从而"无限"放大数据对价值链上产品与服务垄断的估值，最终控制价值链上每个环节的信贷活动。可以说,"金融＋互联网"正在不断融合价值链上的制造与生产环节(如智能汽车)。

而与此同时,发达国家内部也发生了财富阶层的结构性变化,低端制造业的缺席使中低收入阶层失业或降薪,进一步扩大了贫富差距,成为民粹主义的导火索。在民粹主义盛行与价值链重塑的双重作用下,国际贸易出现逆全球化。然而,全球化本就是一朵双生花,参与者在享受全球化带来的资本红利之时,也需要承担其潜在扩大的风险。数字革命所推动的工业智能化,或将导致对全球贸易风险重新评估,诱发新的全球化浪潮。

在疫情初发阶段,五十余个国家进入紧急状态,并出台限制出入境等措施。而在新冠肺炎疫情逐步成为常态化挑战后,供应链断裂的风险成为现实,逐步加深了对全球工厂布局的忧虑。由此,为防范紧急情形下供应链断裂等问题,数字革命对传统工业与贸易的改造或将发力。当前,除引导必要产能回流之外,各国加速布局 5G、数据中心、星链等数字经济基础设施,加紧人工智能、工业互联网等新科技的研究,以期推动"云产业链"落地,促进海外工厂进一步自动化、智能化、规范化。以传统行业改造为全新目标的数字革命,将推动全球二十五年拐点的形成,促进全球化风险和收益的再平衡。

◎ 历史拐点之三:经济增长

第三重拐点是四十年量级的经济增长模式之拐点,以杠杆效应为基本特性，接棒成为新兴市场国家增长的源泉。

以中国的改革开放为起点，过去四十多年，以中国为代表的新兴市场国家，借助人口、市场化、城镇化、全球化等多重红利得到充分发展，激发全球经济的增长活力。但伴随债务驱动撞上天花板，全球化旧红利变成新软肋，以中国为代表的新兴市场国家迈过高速增长期，粗放式经济增长已成为过去时。国际货币基金组织（International Monetary Fund，简称IMF）数据显示，2019年新兴市场经济增速跌至2009年以来最低位3.9%，这也标志着新兴市场国家内生质变的形成。放眼长远，告别要素依赖型的增长模式，数字经济将接棒成为增质的主动力。伴随载体的整体升维，数字经济价值创造中的"高乘数"特性将进一步凸显，助力新兴市场国家迈过增长瓶颈期。区别于要素依赖型的传统增长模式，数字经济能够借助数据的高效赋能和无损共享，摆脱边际收益递减的陷阱。人的创造力与影响力蕴含于数权分配体系中，以更有限的人力与资本创造更大的价值。比如，工厂生产的一把椅子或者一张桌子只能给一户人家使用，但一首数字形式呈现的歌曲却可以通过网络向全世界传递。如果想要让其他的人使用椅子，那就需要投入更多相应的原材料，相比之下，让更多的人聆听音乐却不需要额外的边际成本。这就是数字经济进行价值创造的高乘数效应。

据IMF统计，2020年，受疫情影响，全球经济增速下降至−3.1%，为20世纪30年代大萧条以来最糟的经济衰退。借此契机，疫情对全球经济的短期冲击，进一步柔化了中国等新兴市场国家的增速目标,加速由增速向增质的转型。值此中国与全球经济的转折交汇点,"双循环"发展体系作为适应百年大变局的主动选择,必然也要顺势而为,积极拥抱数字经济带来的全新赛道机会,适应于数字经济加速度引致的量变与质变。而以杠杆效应为基本特性的数字革命,或将撬动新兴市场国家新的增质空间,促成全球经济四十年拐点的到来。

2020年3月,中共中央政治局常务委员会召开会议,首次提出"新基建"概念,再次验证了中国经济高质量发展的路径。"老基建"是传统的"铁公基"项目,多是铁路、公路、机场、港口、水利设施等建设项目。在中国高速增长的阶段,"老基建"无疑是支撑经济增速的重要基石。但随着中国等新兴市场国家从经济增长阶段迈入经济增质阶段,过度依赖于"老基建"的粗放型增长模式需要改变。区别于"老基建","新基建"虽然仍着力于基础设施的完善,但主要方向涵盖了七大战略新兴领域:5G基站建设、特高压、城际高速铁路和城际轨道交通、新能源汽车充电桩、大数据中心、人工智能和工业互联网。"新基建"除了本身在经济下行阶段具有逆周期调节作用,还将通过提升经济效率加速产业数字化进程,发挥带动作用,以增加对经济增长的边际贡献。

2022年伊始,国务院发布《"十四五"数字经济发展规划》,描绘了数字经济发展的路径和蓝图。"东数西算"工程的启动将推进大数据产业的全面升级与渗透。5G的规模化应用和千兆光纤的普及协同发力,将加快发挥工业互联网对经济增长的乘数效应。全新起点之下，如何运用数字经济之核、磨砺数字经济之刃以及锻造数字经济之基，将是中国等新兴市场国家引领长期趋势、把握历史机遇面临的重要命题。

◎ **历史拐点之四：货币演变**

第四重拐点是百年量级的货币演变之拐点，数字货币的登台将改变国际货币体系的霸权结构。

以第一次世界大战爆发为诱因，人类社会正式从金本位制过渡至信用货币体系，如今已逾百年。"二战"结束后，布雷顿森林体系则奠定了美元作为国际货币的地位。即使布雷顿森林体系已崩溃，以美元为核心的国际信用货币体系仍然延续至今，其背后支撑是当时美国无人与之争锋的经济和军事实力。

然而，以美元为核心的国际信用货币体系天然存在"特里芬两难"，即：一方面，美国依赖于贸易逆差向其他国家输出美元；另一方面，长期处于贸易逆差将导致美元清偿力变弱，从而削弱美元作为国际储备货币的地位。因此，长期以来，美国凭借其经济实力与良好信誉，以向其他国家出售美债等方式使美元回流，在缓解美元贬值的同时，也获得了巨大的铸币税收益。

但是，以单一通用货币结算的跨境支付尚存不足，在数字经济主导的新时代背景之下其缺陷再被放大。第一，数字鸿沟加剧。当前贸易的方式逐步多样化，除了传统的商品贸易，在互联网上购买零售数字服务也成为一种普遍诉求。但是，依赖于传统银行账户体系的跨境支付方式并不具有普惠性，根据 Libra 白皮书所描述，全球目前有 17 亿人没有银行账户，占全球总人口的 21%。因而在全球数字化进程中，支付不适配也成为信息落差持续扩大的一个因素，数字创新能力进一步两极分化。第二，美国金融制裁难以反制。美元作为全球结算的通用货币，被赋予了过高的权力，使得美国对于环球银行金融电信协会国际结算系统（SWIFT）、纽约清算所银行同业支付系统（CHIPS）和 Fedwire 等国际金融基础设施具有实际垄断权。进入 21 世纪以来，美国先后对古巴、朝鲜、伊拉克、缅甸、利比亚、伊朗、叙利亚、白俄罗斯、乌克兰、俄罗斯等国家实施了包括冻结金融资产、切断支付和清算渠道等在内的金融制裁。第三，货币政策外溢性凸显。虽然全球化加强了各国之间的经贸互动，但是各经济体内部的经济运行周期差异仍然存在。在美元本位制体系之下，美联储的一举一动成为新兴市场国家制定政策的掣肘。

当前，美元的货币地位与美国的实际经济实力日益失衡，呼之欲出的数字货币更对美元霸权构成实质挑战。疫情催化之下，具有精准滴灌、抵抗通胀、全球通用特性的央行数字货币，或将首次登上历史舞台，革新信用创造方式，重构国际货币秩序。

2020 年的疫情冲击之下，美联储发起两次非常规降息至零利率，并推出开放式、不限量量化宽松（QE）以填补美元流动性黑洞。虽然短期可解金融市场燃眉之急，但是从长期来看，这一举措却有失审慎。世界银行及国际货币基金组织数据显示，美国占全球经济的比重已经由 1960 年的约 40% 下降至 24%，但美元在全球外汇储备中的比例仍在 62% 的高位。由此可见，当前国际货币体系仍是以美元为核心的霸权结构。因此，大多数持有美元外汇储备的国家，或将对美联储的超预期货币宽松产生担忧，并转而寻找新的货币替代体系。

针对上述问题，许多国家从改造金融基础设施入手，开始了"去美元化"的反击。俄罗斯、中国和欧盟都构建了自己的跨境支付系统，从而绕开美元结算的支付必经之路。但根据 SWIFT 在 2021 年 6 月的统计，美元在国际支付（除欧元区内部交易）中的使用比例仍超过四成。2021 年 4 月，SWIFT 系统日均处理 4 240 万笔报文。而 2020 年整年中国的跨境结算系统处理业务仅为 220 万笔，日均处理业务 8 855 笔，与 SWIFT 的处理规模远不可同日而语。由此可见，我们在旧有货币体系中寻求超越效果甚微。

自 2008 年比特币问世以来，国际货币体系新的竞争者已经诞生。虽然曾饱受争议，但演变至今日，数字货币已蜕变出多种形态。第一是各国央行加紧研发的央行数字货币，仍然由主权背书，但嵌入可编程设计，自上而下独具精准滴灌的效果；第二是发端于商业银行的数字货币（如 JPM Coin，摩根大通银行开发的数字货币），偏重改造支付和结算方式；第三是由 Facebook（现更名为 Meta）主导、全球多个知名公司参与的 Libra

（现更名为 Diem），剑指商业化的私人货币体系；第四则是由比特币衍生而出的加密货币（如以太坊），不断扩大社区、革新技术，拓展全新的商业形态。各类数字货币形态不尽相同，但均蕴含了对未来货币体系演变的美好想象。

因此，以货币演变为底层基础的数字革命，或将促成人类社会百年拐点的形成，改变国际货币体系的霸权结构。数字货币作为一个新位面的竞争者，将带来全球货币的大洗牌，即便是美元也需要做出变革以适应数字经济时代的需求。而在这一过程中，所有国家和货币有望站在同一起跑线上，凭借技术与理念优势颠覆既定货币格局。至于上述四类数字货币具体有何异同、分别适用于何种场景，我们将在本书的后续章节中给出详细阐释。

二、数字经济由虚入实

◎ 数字经济与实体经济深度融合

如果将视角拉近一些，那么在跌宕起伏的 2021 年，两大关乎数字经济进化方向的事件值得我们关注。第一件事是 6 月国家统计局发布了《数字经济及其核心产业统计分类（2021）》，明确了数字经济与实体经济的对应关系，表明数字经济日趋实体化。过去，数字经济总被视为一个宏大的概念性词语，缺乏与实体经济直接的对应关系。该分类的出现标志着数字经济与实体经济的对应关系得以确认。《数字经济及其核心产业统计分类（2021）》中详细界定了数字经济的五大类别，包括数字产品制造业、数字产品服务业、数字技术应用业、数字要素驱动业和数字化效率提升业（如图1-2所示）。前四类是数字产业化部分，也是数字经济的核心产业；第五类则隶属于产业数字化，重点体现数字经济与实体经济的融合。由于这一分类涵盖了与数字技术紧密相关的各种基本活动，因而它在全球范围内均适用。通用标准的制定让数字经济的统计监管变得更为现实。

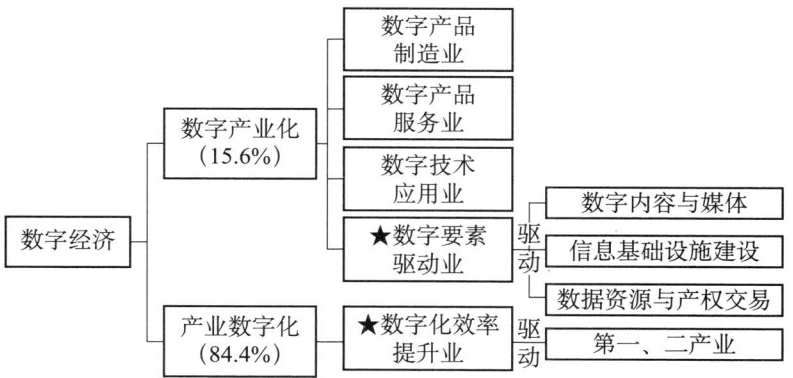

图1-2 数字经济的构成与新发展方向

注：数字产业化与产业数字化的占比数据来自中国信息通信研究院，为2020年全球平均数据。但需要注意的是，中国信息通信研究院将互联网平台经济创造的增加值计入产业数字化，而在《数字经济及其核心产业统计分类（2021）》中互联网平台属于数字要素驱动业，因此84.4%的比例可能存在高估。

资料来源：《数字经济及其核心产业统计分类（2021）》，中国信息通信研究院，ICBCI Research。

第二件事则相对来说更为大众所熟知。2021年10月,美国社交媒体企业脸书(Facebook)宣布改名Meta,彻底转型为元宇宙公司,体现出虚拟与现实"双循环"的进化思路。脸书大刀阔斧地挥别昔日的社交媒体定位,率先彻底转型成一家元宇宙公司。而此后,微软等其他领先科技企业也宣布全面进军元宇宙。这些移动互联网时代的巨头公司纷纷转型,意味着数字经济正在步入虚实相生的元宇宙时代。meta在希腊语中的意思是after和beyond,由此我们认为元宇宙并非一个完全脱离于现实的理想乌托邦,而重在体现出对现实世界的传承与超越。它一边传承了人类在现实世界中的认知规律与情感变化,另一边又将超脱于现实世界,提供挣脱物理空间与现实人生束缚的震撼体验,以此释放数字经济新的生命力。

综合来看,上述两件事都印证了数字经济正处于由虚入实的关键拐点。人口结构变化、疫后环境重塑以及低碳发展理念,均在加速引领数字经济的模式革新从需求侧转向供给侧。一方面,数字经济迎来了新人群。占全球总人口比例达到24%的Z世代(1995—2009年出生)是名副其实的数字原生代,他们兼具"精明"和"冲动"的矛盾特性,高弹性的消费需求反向作用于生产端,继续强化按需服务的趋势。另一方面,数字经济的宏观环境已经发生质的变化。由于数字经济此前在生产和消费领域发展的不均衡性,新冠肺炎疫情对供给侧构成非对称冲击;同时,"碳中和""碳达峰"目标的设定,对工业生产以数字技术提升经济效率提出了更高要求。在此背景下,供给侧的数字化转型将区别于消费互联网的中心化模式，以基础设施的深度下沉催生分布式商业的机遇。伴随越来越多的数字基础设施走向开源和开放，企业有望释放出大量重复消耗的资源空间，转而专注于商业核心模式的开发，以谋求覆盖Z世代巨大长尾需求的同时，优化社会整体的资源配置效率。

◎ 新人群、新环境与新模式

全球人口结构正在悄然改变，据第一财经商业数据中心（CBNData）统计，全球Z世代人数已经达到18.5亿，占总人口的24%，而中国Z世代人群则有约2.6亿人。身为数字经济原生代，Z世代是移动网民的重要组成部分。QuestMobile数据显示，2020年11月，中国移动互联网Z世代的活跃设备数已近3.25亿。

数字经济新势力正在塑造未来数字经济的风向，因而把握Z世代的消费特征，有助于我们辨别与预判数字经济的走势。不同于其他年龄层的群体，Z世代兼具"精明"与"冲动"的矛盾特性，将继续强化数字经济的按需服务趋势。一方面，Z世代注重高性价比。Z世代由于熟练掌握在互联网搜寻信息的技能，所以形成了在购物时货比三家的习惯。根据麦肯锡报告，中国在购买前寻找折扣的Z世代比例为50%，比千禧一代高出10个百分点。据QuestMobile数据，截至2020年11月，Z世代在拼多多和闲鱼的渗透率分别位列移动购物行业应用的第三、四位，这也从侧面体现出 Z 世代看重实用性的消费态度。而另一方面，Z 世代又容易冲动消费，愿意为小众兴趣和体验埋单。成长于互联网商业高度繁荣环境中的他们具有多元的消费偏好，并且在做消费决策时更易于被社交媒体上的视频内容左右。二次元、盲盒体验乃至新型奶茶饮料品牌的突围，足以验证 Z 世代追求潮流和个性的新型消费态度。

精打细算与冲动消费同时存在，虽然看似矛盾，却折射出 Z 世代按需购买的弹性消费观。广阔的个性化细分需求正在向生产端辐射。牛津研究院发布的报告《Z 世代在塑造数字经济中的作用》提出，技术进步不仅会直接改变生产方式，其所塑造的数字化消费模式也会间接反作用于生产端。因此，除了利用视频等数字化营销手段触达受众，生产端厂商也需要从源头即时洞察与把握长尾需求，加速更新迭代与需求相匹配的产品。

新环境下，疫情、碳中和与供给重塑加速工业的数字化转型。新环境也正在打磨数字经济的不规则棱角，使其后续发力点由需求侧向供给侧转移。

第一，新冠肺炎疫情对消费和生产构成非对称冲击，倒逼数字化在供给侧的渗透效率提升。疫情造成的物理阻隔之下，数字经济在众多产业中受影响最小，由此数字经济发展的不均衡映射为冲击的不对称性。从国别看，数字经济"双核"中国和美国，无论在疫情防控方面还是在生产恢复的过程中，经济增长的韧性都相对较强，应对措施也更为有效。从行业看，疫情来临时，消费者仍然能够有序地使用在线渠道购买生活用品以及在线娱乐充实精神生活,但企业数字化转型的相对落后却延缓了复工复产的进度,一定程度上扩大了新供给冲击的范围与影响。据麦肯锡报告,在新冠肺炎疫情暴发前,中国已是消费领域的数字化领导者,2018年中国电商市场约占全球电子商务交易额的45%。疫情的非对称冲击统一了需求侧和供给侧的数字化步伐,原先数字化程度较低的B2B以及线下B2C整体增长速度显著高于线上B2C领域(如图1-3所示)。而伴随企业形成新的路径依赖后,产业互联网将成为数字经济的长期发力点。

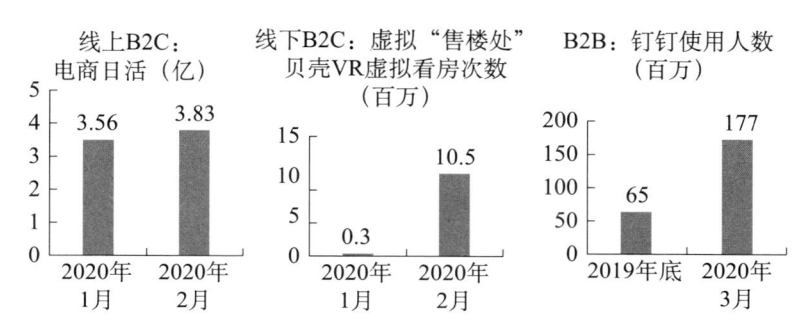

图 1-3 疫情期间数字经济不同领域增速出现分化

资料来源:麦肯锡,QuestMobile,ICBCI Research。

第二,"双碳"目标对工业企业生产提出新要求,期望以数据和算法增加经济活动效率。2020年,中国在联合国大会上明确提出二氧化碳排放力争于2030年前达到峰值,努力争取2060年前实现碳中和。顺应于绿色的低碳发展潮流,一方面,企业需要改变能源结构,以风能、太阳能等新能源降低每单位能耗的碳排放；另一方面，先进数字技术的广泛融合将帮助企业提升经济活动的效率。以大数据为基础的算法和信息流能够帮助企业在内部优化能耗配置；而在企业之间，碳交易市场的建立也同样离不开数字技术的加持，从而实现"碳中和"和"碳达峰"目标下的社会效益最大化。

基础设施下沉引领分布式商业。在移动互联网时代，商业的核心是利用数据的非排他性和网络效应不断扩大与模糊企业边界。互联网企业致力于围绕自身产品拓展上下游业务，以流量为企业护城河构建生态体系。虽然平台经济促进了社会福利分配的优化，但是从社会整体视角看，互联网企业往往会混淆公共基础设施与核心商业模式的职能，采用包揽的形式从零开始，造成大量的资源重复投入同一领域。

具体来说，例如，某些平台的商业重心并不是支付，但是在不断扩展企业边界的过程中，由于希望不受其他第三方支付企业的限制以及将支付作为自身金融业务的入口，这些平台也纷纷涉足支付业务。这一举措不仅需要耗费人力和财力，也需要额外的技术和服务器支持，但从社会视角看，互联网企业提供的支付服务大多同质化，重复的资源配置并不经济。因此，数字经济呈现出一种"倒三角"形态，即轻基础设施而重商业模式，企业往往为了维护或扩大自身利益将资源重复投入至公用领域（如图1-4所示）。

在此过程中，大企业持续强化自身的网络效应，这也让更多缺乏完整自建能力的中小企业望而却步。进入产业互联网时

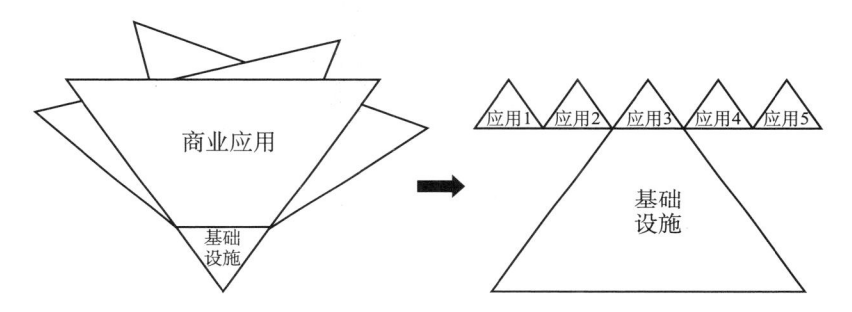

图 1-4　未来数字经济将更注重基础设施建设

资料来源：ICBCI Research。

代，由于数据数量级的指数型上升，让企业承担数字化改造的每个环节既不现实也不必要，若要发挥万物互联的增长潜力，必然要充分发挥公平开放的新型基础设施的作用。我们也正看到更多的轻量级应用，比如去中心化版抖音 CanCan 嫁接于成熟的区块链设施之上，不需要额外的服务器，且只需要不足 1 000 行的代码。CanCan 之所以能够精简地抓住商业本质，将更多时间与精力用于提升服务本身，得益于底层基础设施的完善。随着应用技术不断下沉为基础设施，开放、免费地提供清结算、安全、信任、交易确认等多重基本功能，低代码开发的分布式商业将会迎来全新增长机遇，并重新诠释规模效应。

◎ 数字经济迈入下半场

传统经济的基础设施完全由公有部门提供，以电力、水力和天然气为代表。我们认为，进入数字时代，公共基础设施将相应转变为数据流动的网络。过去十年，由于传统公有部门的数字化生产力相对落后，私营部门凭借技术优势抢占先机，逐步替代了部分基础设施的职能，但也造成了资源配置的不经济。展望未来，数字经济新基建更适宜由公有部门与私营部门通力合作，一方面借公有部门的普惠性打造公平开源的商业环境，另一方面以私营部门的创造力夯实充分竞争的价值网络。而在此基础上，分布式商业的机会有望涌现，企业可以摆脱物理实体和特定算法的限制，以新型基础设施为起点专注于顶层新兴模式的开发，大大缩短由想法到落地的时间。而垂直细分的赋能模式恰好与Z世代按需服务的趋势不谋而合，多样化、个性化的需求均有条件获得满足。此外，面对快速的需求迭代，轻型的分布式商业在即时调整上也更经济节约。在稳固的基础设施之上，单个企业实体的规模效应将延伸为社区系统的规模效应，通过自循环激发出海量商业潜力。

在数字经济由虚入实的确定性趋势之下，行业的板块红利也将随之迎来切换。过去数十年，平台经济作为数字经济的主导模式，通过优化供需匹配开辟了经济增长的新路径。然而，如果仅是连接既有供需，而不挖掘新需求及改良供应链，那么随着供需匹配基本实现，平台经济难以创造出新的增量，对经济增长的贡献将逐步减弱（虽然平台经济自身仍可以通过增加抽税的方式实现短期营收增长，但脱离经济贡献的成长的可持续性存疑）。

基于微观经济学的基本供需模型，我们发现，若要发挥数字经济对经济增长的长期支撑作用（均衡状态下社会总产量增加），最根本的还是要推动供需曲线向右移动，这意味着数字经济下一阶段的发展重在创造新的需求，并加强供应链的管理能力。

从供给侧看，数字经济的实体化将推动产业数字化从量变进入到质变的阶段。数字经济正向第三、第二、第一产业逐次渗透。随着5G和工业互联网等新型基础设施从搭建试点走向融合应用，未来数字经济向第二和第一产业的渗透率或将加速提升，发展红利有望向智慧农业、智慧工业和智慧交通等细分领域辐射。

从需求侧看，虚拟和现实的"双循环"将打开数字商品的增长空间。目前，可供消费的数字商品种类与数量还处于起步阶段。随着人们在线上投入的时间的增加和区块链技术的广泛应用，数字内容与媒体的潜在市场空间值得期待。根据市场研究机构的统计和预测，当前全球所有虚拟商品的市场规模大约为500亿美元，而到2025年保守估计将增长至1900亿美元，年复合增长率达到40%。虽然数字商品并非首次出现，但元宇宙与非同质化代币（Non-Fungible Token，简称NFT）分别对应数字世界生产力与生产关系的升级，赋予了数字商品新的价值源泉。一方面，元宇宙通过再造一个虚拟平行世界，孕育出商业线上重做的广阔市场。另一方面，NFT通过确认数字商品的产权与所有权，让原本支持无限复制的数字商品具备了稀缺性。日前，从一线奢侈品品牌 LV、博柏利（Burberry）到大众消费品牌可口可乐，各大公司接连试水 NFT，推出自身产品的数字版。古驰（Gucci）的虚拟酒神包与实物甚至出现了价格倒挂的现象，虽然其中存在炒作的因素，但元宇宙的市场潜力的确不容小觑。

◎ 数字监管重要性凸显

在上述两个数字经济的进化方向上，数字监管的重要性逐渐凸显，正在成为平滑融合过程、扫除进化障碍的突破性力量。

不可避免地，数字经济整体的进化和升级伴随着微观个体的阵痛。当前市值排名领先的数字经济企业都曾经历过跑马圈地的"烧钱"阶段，而现在转型至下一阶段却需要它们放弃积累多年的流量与数据优势。数字监管正是降低摩擦成本、助力企业突破的关键因素。

第一，监管的补位让数字经济与实体经济的融合过程更平和、稳定、有序、可控。数字经济对实体经济的系统重要性日益提升。根据中国信息通信研究院的计算，2020 年全球数字经济占 GDP 的比重已经达到 43.7%。数字经济需要彻底告别野蛮生长的草莽时代，在与时俱进的监管体系内以全面规范的姿态释放经济增长的新动能。

第二，监管还将以"有形之手"扫除数字经济进化的障碍，加速互联网生态的进化。数字技术在对经济发展形成放大、叠加和倍增效应的同时，也带来了平台经济、数据隐私和数字货币等一系列新的问题。2021年，针对科技企业的反垄断审查在全球范围内蔓延，但反垄断的本质并不是打压数字经济的发展，而是以"有形之手"矫正社会福利分配的不均衡，推动数字经济生态进化与健康发展。一方面，行业集中度过高会妨碍公平竞争的市场环境，公司可能会利用市场支配地位损害生产者和消费者的权益。另一方面，数字经济以数据为生产要素，如果数据集中在少数几家企业手中，会加剧数据隐私和数据安全的隐患。我们通过测算发现，在全球范围内，电子商务行业集中度最高，互联网媒体与数字娱乐内容次之，软件、硬件以及技术服务则处于相对充分竞争的市场格局之中。美国数字经济产业的行业集中度整体高于中国。其中，美国的电商领域基本由亚马逊单一公司垄断（市场占有率超过90%）。中国则呈现"寡头化"趋势，由少数几家大型企业瓜分市场份额。这也显示出监管帮助数字经济打破桎梏的具体过程。当前监管更多将目光聚焦于行业集中度高的电商、互联网媒体等数字经济上半场的发力点，预计企业或将在监管的鞭策下主动寻求突破，重点挖掘数字经济的增量市场。

在明确的数字监管基调之下，监管与创新赛跑将成为必然，以宏微观的融合求得最优解。在数字经济时代，业态的变迁会推动监管体系和规则的迭代，监管与创新互促互进、相互依存的关系将愈加凸显。

一方面，区块链等新技术成为数据确权的解决方案，与之对接的法律法规体系进一步完善。数据作为一种新的生产要素，理应同样被视为一种私有产权获得法律保护，从而激发数字经济创新的可持续性。当前，诸多科技企业在业务活动中大量采集用户金融数据，但这些数据的控制权与处理权却界定模糊，不仅易引发用户对于个人隐私泄露的担忧，数据处理不当行为的潜在危害也急剧放大，尤其是涉及的跨国数据传输对国家安全构成新的信息化挑战。以欧盟的《通用数据保护条例》为代表，各国（或区域）已经陆续推出针对数据保护的法律法规。展望未来，全球协同式的良性监管，与区块链不可篡改属性的结合，将减少数据滥用的风险，从而抵御数字霸权主义的威胁，还原公平竞争的数字创新环境。

另一方面，科技监管与创新赛跑，精准把握实体经济宏微观动态。2019 年，脸书发布 Libra 白皮书，其"超主权"与"超银行"属性引发强烈争议，世界各国央行由此提速对数字货币的研发与设计。央行数字货币（central bank digital currency，简称 CBDC）自此广泛进入大众视野，并成为国际货币基金组织（IMF）、国际清算银行（BIS）等国际金融监管机构讨论的重大议题。2020 年，疫情加速了数字货币的进化，成为央行数字货币的肇始之年。根据统计，当前超过 30 个国家的央行对央行数字货币给予关注，其中，中国、瑞典、巴哈马等国已率先发起试点测试。除了对抗新技术对传统法币的挑战，央行数字货币也将实现对数字经济大时代的承接，通过完善央行对货币的全流向掌控，为制定财政政策和货币政策提供量化参考依据，同时拓宽了长期的负利率/零利率政策的操作空间。

有意思的是，我们观察到，蕴含着未来预期的资本市场也正在用行动反映数字经济的短期趋势变化。2021年，数字经济板块的股价表现开始与收入增速脱钩，符合进化方向与监管态势的行业才能赢得资本市场的认可。比如电商板块的营收增速相较2020年显著提升，但收益率表现却屈居末流，即使在屡创新高的美股，前三季度收益率也仅为1.5%（2020年收益率为78.6%）。

展望未来，数字经济实体化与虚拟和现实"双循环"的进化趋势将继续强化，相对应地，全球数字经济的发展重心将进一步聚焦：一是产业数字化向第二、第一产业渗透，利好对工业、农业进行全方位和全链条改造的数字化效率提升业；二是对数字商品的需求显著增加，利好涉及数字内容创建与确权的数字要素驱动业。

三、中国的机遇

◎ 务实之路

中国经济已经步入"减速增质"阶段，人口红利逐步消退，资源环境约束广泛显现，粗放型的传统经济增长模式亟待转变。值此中国与全球经济的转折交汇点，"双循环"发展体系作为适应百年大变局的主动选择，必然也要顺势而为，积极拥抱数字经济带来的全新赛道机会，适应于数字经济加速度引致的量变与质变。从 2019 年政府工作报告中的"壮大数字经济"，到 2020 年、2021 年的"打造数字经济新优势"，再到《"十四五"数字经济发展规划》的发布，数字经济已经演变为中国高质量增长的核心抓手。全新起点之下，如何运用数字经济之核、磨砺数字经济之刃以及锻造数字经济之基，将是中国引领长期趋势、把握历史机遇的重要命题。

全球数字经济的发展一直以来由两股力量驱动：一是理想家不懈追求科技进步的探索精神，二是投机客闻风而来鼓吹泡沫的热度加持。自 2021 年末新一轮美联储紧缩周期开启以来，第二股力量正在加速退散，无论是加密货币还是纳斯达克，市值均较最高点抹去了 30％以上。这让我们不由得反思，金融属性是否在上一轮的数字经济浪潮之中占据了过多份额。在投机性需求的潮水退去之后，数字经济终将需要回归现实。客观上说，中国数字经济的创新驱动力与美国相比存在较大差距，但中国数字经济与现实商业的结合却似乎不落于人后。我们认为，中国的数字经济正在慢慢走出一条不一样的务实之路，既包含了发展反向的由虚入实，也赋予了制度设计的化繁为简，更体现为场景落地的去伪存真。

潮水退去之后，数字经济正在返璞归真。2022 年对数字经济而言是沉重的一年，在美联储政策转向开始的短短半年时间里，加密货币的总市值从最高点抹去了 30％以上，汇集全球领先科技公司的纳斯达克指数则从最高点跌掉了35%。如果从微观个体看，冲击则更为猛烈，曾位于加密货币市值前十的Luna一夜归零，非同质化代币顶流CryptoPunk的地板价自高点跌掉了80%；即使是在波动性相对较低的股市，元宇宙概念企业Unity Software也在公布第一季度业绩后盘中一度大跌40%。

历史总是押着逻辑相似的韵脚，2000年的科网泡沫同样在美联储加息周期中破灭，无数打着互联网幌子的公司自此销声匿迹，但也正是在泡沫破灭后，真正务实创造价值的科技公司得以沉淀，并最终彻底改变了我们的工作与生活方式。

值得关注的是，在此轮泡沫破灭的过程中，曾站在刀尖上的中国互联网企业反倒保持了一定的韧性。2022年上半年恒生科技指数仅跌去了13%，而纳斯达克指数以及标普比特币指数则在同期分别跌去了29%和58%。一方面，2021年互联网的强监管周期以"有形之手"提前出清了部分泡沫风险，中国互联网企业估值本身已经处于很低的位置。另一方面，反垄断促使平台企业重新审视边界拓展的可能性，主动调整收入预期，以理性务实的态度摆脱恶性竞争，回归业务主线，同时坚定投入下一代核心基础技术。

客观认知中美之间创新的差距，务实成为中国数字经济选取的发展路径。自进入互联网时代以来，中国一直呈现追随者的姿态，综合"拿来主义"与自身优势，逐步发展出全球最便捷的移动支付和网络购物体系。然而，长时间的被动跟随无法占据主动权，在全球贸易保护主义抬头的趋势下不免出现关键领域"卡脖子"的问题。虽然近两年"国产替代"和"自主可控"不断加速,部分降低了对西方高端硬件技术的依赖,但我们认为,单纯的国产替代仍隶属于跟随思维,如果无法掌握创新之源,那么在全球数字经济的竞争格局中将始终处于被动地位。

根据我们观察,美国依旧是全球颠覆性科技的巨型孵化器,新冠肺炎疫情出现以来,创新驱动持续加速。胡润的《2021全球独角兽榜》显示,美国和中国分别拥有487和301家独角兽企业,合占全球独角兽总数的74%。但从增量看,美国的独角兽企业较上一年增加254家,而中国仅增加74家,微观层面中美之间的创新差距有所扩大。因此,相较模仿海外已有的技术路径,中国的数字经济更需要把握自身优势打造特色产业。立足于中国的人力资本、历史文化和基础设施优势,中国正在慢慢走出一条不一样的务实之路,从发展方向、制度设计和场景落地三个维度渐次突破,有望以此引领新一代全球数字经济的发展。

◎ **从三个维度夯实务实之路**

务实之一在于发展方向由虚入实。自2021年脸书改名Meta,掀起元宇宙话题热潮之后,数字经济的下一代发展方向开始被广泛认为是虚拟化。而元宇宙的其中一项重要释义,是指数字世界的体量和活跃度超过物理世界的奇点时刻。无论是利用增强现实/虚拟现实（AR/VR）技术构筑的虚拟空间，还是内涵层次不断丰富的游戏世界，均指向未来人类的更多活动发生于线上。2022年最引人注目的一起并购案，即微软以687亿美元收购暴雪，也正是把元宇宙作为游戏业务的延伸。

虽然中国的互联网领先企业也积极布局AR/VR、云计算、游戏引擎等元宇宙相关前沿技术，但对以制造业为本的中国而言，数字经济的未来发展内涵则变得更为丰富。2022年疫情的再度暴发从实质上影响到生产和物流的常规进程，其中自动化程度低、人流密集、密切接触的公路运输更是暴露出前所未有的脆弱性，而装配基本实现自动化的码头吞吐量受到的影响则相对较小。因此，在中国，数字经济不限于消遣娱乐的体验升级，还承载着与实体经济深度融合、提高传统产业抗冲击能力的重要使命。从国家全局层面的战略部署来看，"东数西算"工程首次将算力资源提升到与水、电、燃气等传统资源一样的高度，不仅为大型科技企业提供更价格低廉、便捷易用的算力服务，也能激发更多传统中小企业以更低的转换成本上云用数。

务实之二在于制度设计的化繁为简。数据产权和隐私的保护逐渐成为全球范围内共同关注的话题，而妥善处理好数字化的新型生产关系也将关乎数字经济后续乘数效应的发挥。对此，目前广泛讨论的解决方案主要有两种路径。

第一是技术优化路径，由创新企业家们展开针对Web3.0的讨论。与Web2.0时代互联网巨头垄断掌控数据不同，Web3.0强调将数据归还给用户本身，以去中心化的方式保护用户数据背后隐性的商业和货币价值。技术讨论固然是推动数字经济向前不可或缺的部分，但我们也需要认识到以技术突破来达成理念共识是一个漫长的过程，停留在概念和技术路线上的争论可能反而会延误数字经济的发展。比如推特的前任首席执行官杰克·多尔西就对 Web3.0 是否能够真正实现数据归用户所有提出质疑，认为"Web3.0 无非是贴了个不同标签的集权方式，无法逃脱资本家的激励机制"。对此，他甚至提出了 Web5.0 概念，在比特币网络上直接构建应用，而非嫁接于 Web3.0 常用的以太坊、Solona 等二层公链。

第二是法律制度路径，由政府直接以传统立法手段保护数据产权。以欧洲的《通用数据保护条例》为始，全球对数据保护的立法开始加速。中国也先后制定了《中华人民共和国网络安全法》《中华人民共和国数据安全法》《中华人民共和国个人信息保护法》。值得关注的是，国际上现有的法律主要强调对数据信息的界定和保护，而对数据要素利用流转的规则却涉猎不多。2022 年 6 月，中央全面深化改革委员会会议强调要加速构建数据基础制度，促进数据高效流通使用、赋能实体经济，统筹推进数据产权、流通交易、收益分配、安全治理，而这种超前部署也将有助于中国在未来全球数据制度建设中掌握更多话语权。由此可见，中国推动制度建设更为直接和强调落地实效，而不拘泥于某一种特定的技术路径。

务实之三在于场景落地的去伪存真。中国虽然全面禁止了虚拟资产的交易，但并未因此缺席于海外数字经济的创新玩法，而是根据自身情况进行了相应调整，在规避风险的同时发挥既有优势。第一是数字藏品领域重版权而非交易。在海外非同质化代币泡沫出清之际，中国的"618"期间，各大电商平台却纷纷推出了嫁接于自有联盟链的数字藏品。然而，区别于海外非同质化代币的天价炒作，电商平台推出的数字藏品更多是作为一种"买赠"的营销新手段，借此融入品牌调性，提升用户黏性，构建数字文创的产业协作网络。2022年6月30日，由中国文化产业协会牵头，近30家机构联合在京发起《数字藏品行业自律发展倡议》，强调反对炒作，提高准入门槛。第二是X to earn模式重行为而非金融。继非同质化代币之后，Web3.0最火的玩法就是X to earn模式，即通过区块链和智能合约的技术手段记录人们各类行为价值并给予激励反馈，比如游戏赚钱、跑步赚钱，甚至睡觉赚钱。对此，中国同样发展出了自身的X to earn模式，虽然少了些金融属性，但却更实在地聚焦于行为本身。比如，数字人民币联合互联网头部企业推出低碳出行活动，以区块链技术记录行动轨迹，用户完成一定任务后即可领取数字人民币红包。第三是虚拟人发展重服务而非身份。随着人工智能和3D建模技术日趋成熟，虚拟人逐渐闯入大众视野。虽然海外的虚拟人产业发展要早于中国，但由于其定位往往在身份型虚拟人（追求虚拟人形象背后的IP价值），技术路径和应用场景的要求均相对较高，短期变现较为困难。中国则侧重以智能客服为代表的服务型虚拟人发展，结合直播带货等现有场景能够快速规模化应用，帮助企业降本增效。

第二章
数字经济带来全新的经济形态

桐花万里丹山路,雏凤清于老凤声。

——李商隐

第二章 数字经济带来全新的经济形态

在展开讲述数字货币的具体设计与应用之前,我们不妨先来探讨数字货币在此刻登上历史舞台的深层原因。正如我们所看到的,不同的数字货币也许会有自身的独特诉求,比如比特币是为了对抗货币霸权而出现,央行数字货币则是为了维护金融稳定与安全而生。值得注意的是,它们的出现却不谋而合地为了适应同一种全新的需要,那就是如何与数字经济更好地耦合。人类正经历从工业经济蝶变至数字经济的关键拐点,数字经济不仅"润物细无声"地渗透入经济运转的每个细枝末节,还潜移默化地改变了经济的运行模式与潜在机理。然而,当局者迷,正因为身处其中,大多数人往往难以感知数字经济带来的巨大变革。

与其进行宏大的概念分析,不妨换个角度想想以下这些更为现实的问题:为何2010年到2020年全球前十大市值引领者中,科技企业的数量从2家增加到了8家?为何新国货近两年强势崛起,"完美日记"邀请周迅作为品牌的全球代言人引发热议?为何曾经一款机型走天下的iPhone正在面向不同人群的需求推出越来越多的机型?这些问题看似并不关联,却指向同一个答案,那就是它们本质上都是数字经济改造经济系统的伴生现象。所谓"透过现象看本质",本章通过简单易懂的经济学原理分析来一一解答上述疑问,以此帮助大家理解数字经济的宏观及微观运行逻辑。相信读完这一章的你将会打开新世界的大门,重新看待数字经济这股趋势的力量。

一、数字经济与经济增长

◎ 理解数字经济的意义

在互联网尚不发达的十几年前,打造所谓的"爆款"并不像今天那么容易。为了推广一种商品,需要以相对高昂的成本在各大城市的公交站台、百货商场等公共场所进行广告宣传。而如今,一个普通素人写下的文章也可以获得成千上万的阅读量;曾经一个普通的化妆品销售人员成了家喻户晓的带货主播,仅在"双十一"预售期间就创下了超过 100 亿元的销量。为何会有这样翻天覆地的变化?数字经济究竟是如何发挥对经济增长放大、叠加与倍增作用的?这一切还要从数字经济的定义说起。

数字经济是指以数据为生产要素,以载体升级(由硬件设施及软件技术共同驱动的现代信息网络)为全要素生产率提升的手段,广泛参与到生产、交换、分配及消费等过程重构商品价值，促进实体经济效率提升与结构优化的一种新型经济生态。数字经济起初只是由生活生产的每一个切实细节衍生而成，最终却贯穿了国民经济的生产、交换、分配与消费全过程。数字经济的星星之火何以燎原，关键在于它衡量出人的创造力、影响力的潜在价值，并以数据为生产要素革新了价值创造的方式，打破了传统生产要素边际收益递减的模式。如果说传统经济是以物权、债权、土地使用权为核心的存量分配体系，数字经济则是以人的创造力、影响力、技术知识等作为数权核心资产的流量分配体系。数字经济将对经济增长乃至社会阶层产生颠覆性变革，其释放的巨大红利是未来各国博弈中不可轻言放弃的战略据点。

如何理解这一看似复杂的定义呢？我们可以从生产要素和全要素生产率两个角度，来比较它和传统经济的区别（见图2-1）。

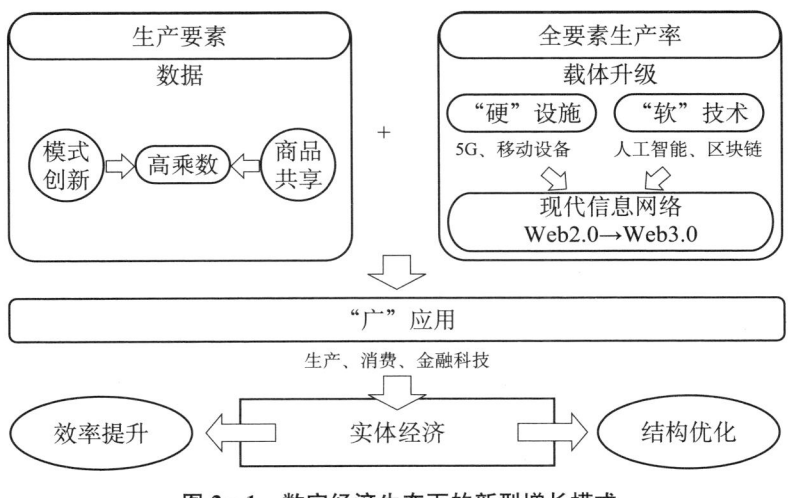

图2-1 数字经济生态下的新型增长模式

◎ **生产要素的升级**

首先从生产要素的角度来分析。2020年4月9日,《中共中央国务院关于构建更加完善的要素市场化配置体制机制的意见》发布,其中列及土地、劳动力、资本、技术、数据五大要素。在传统经济学中,劳动力、资本、土地及技术构成了生产四要素,而四大要素对应的报酬分别为工资、利息、地租与利润,构成了国民收入的来源。数字经济并没有摈弃传统四要素,而是在此基础上新增了数据这一生产要素,数字经济的产出即数据作为生产要素在经济活动中创造的附加值,我们称之为"数据价值"。以工业生产为例,将工业的人、机、料等全要素利用互联网技术连接起来,通过大数据分析和处理,优化资源配置,降低企业成本,提升企业效率,从而增加的企业利润,即为数据作为生产要素得到的报酬。当前,数据价值已成为电商、数字媒体等产业中的核心价值,但在农业、工业等传统产业中数据的价值尚待挖掘。

传统经济学中,由于中介的层层嵌套,生产端与消费端之间存在割裂,生产者往往无法即时获知消费者的实际需求。由此,传统的价值创造由生产端主导,结果是往往会造成供需不匹配,出现无谓损失。在数字经济时代,得益于即时高效的信息网络,生产端与需求端无缝衔接,人的需求、人的预期、人的价值深度改造实体经济的每一个细分市场,驱动了数据的价值创造。此外,传统生产要素在经济增长模型中,不可避免地面临边际效益递减,数字经济则旨在突破这一模式。人的创造力与影响力蕴含于数权分配体系中，以更有限的人力与资本创造更大的价值。

以近两年的风向标直播带货为例，有的网红在2021年"双十一"预售直播中创造了100多亿元的销售额。在传统经济中，企业为达成类似销售额无疑需要投入大量的人力、资本乃至时间，但数据的"高乘数"却让"轻资产"的爆炸式增长成为可能。直播带货的高乘数来源于两个方面：其一是模式创新，充分利用网红经济的粉丝效应；其二是数据共享，每一个拥有移动设备及网络的人都能同步收看直播内容。值得注意的是，这一百多亿的销售额中，由劳动力、资本等传统制造业生产要素形成的商品价值被压缩，而真正的巨大价值是由以人的创造力、影响力为核心的数据创造的。

人的创造力在数据的高效赋能中得以体现。商业模式创新是数字经济的伴生物，也是数据价值创造的根本途径。过去十年，我们见证了数字经济商业模式的百花齐放，电商将土地、人力等传统生产要素投入向数据转移；短视频则是集结人的创造力，通过最小化生产单位（每个人都能成为内容创作者）撬动了海量数据价值。模式创新是对数字化信息的再度开发，也是对劳动力资源的重新定义。

人的影响力在数据的无损共享中达到极致。传统的四大生产要素，无一例外具有一定的排他性，即每件商品的价值都由对应的工资、利息、地租及利润构成，已经对应的报酬无法再给其他商品提供价值。但数据则不同，其边际复制成本几乎为0，嫁接于现代信息网络上无限传播，可抵达每一个受众。因此，人的影响力以互联网为媒介不断扩大，并最终借助数据确权，形成商品的高附加值。

◎ **全要素生产率的突破**

从全要素生产率角度看，载体升级是数字经济长期的增长源泉。由硬软件相结合构成的现代信息网络是数字经济赖以生存的重要载体。硬件设施包括5G、芯片、半导体等，5G落地升级网络基础设施；芯片研发则旨在打破算力限制，为人工智能和区块链的技术突破解除物理瓶颈。软件则包含人工智能、区块链以及自动驾驶等新型技术，提供核心算法与协议共识。软硬相辅相成，缺一不可，共同推动现代信息网络从Web2.0进阶至Web3.0。如果说Web2.0成就了各行各业的互联网巨头，运用互联网技术精简传统经济结构中的中介架构，为实体经济"提效率"与"降成本"，那么Web3.0就是减少这些互联网巨头的垄断与寻租，真正实现效益的最大化。

载体升级决定了数据作为生产要素的共享程度（以何等速度和广度），同时也决定了模式创新的可能性（以何种方式进行价值创造）。数据共享，看似零成本，事实上只有在顺畅的信息网络和普及的移动设备下才能实现。而模式创新，在没有载体升级的情形下终有一天会枯竭。正如裹挟于智能手机的APP革命、嫁接于4G网络的短视频爆发，载体升级带来的是数字经济增长的整体升维，也将为模式创新碰撞出灵感的火花。

由此我们可以得出这样的结论：数字经济在价值创造的过程中，呈现出与传统经济相反的凹凸性。在初始阶段，传统经济的要素投入产出几乎成正比，以消耗实物资源换取经济快速增长；但在资源瓶颈显现后，粗放型的经济增长模式将难以为继，从而陷入"中等收入陷阱"。与之相反，数字经济的初始投入较难产生即刻收益，现代信息网络的建设、用户数字习惯的培育以及算法算力的突破都需要耗费大量的资金、时间与人力。而区别于"即投即用"的传统生产方式，数字经济存在收益"真空期"，唯有基础设施初步成型之后方能启动价值创造。值得关注的是，一旦迈过这一阶段，由于数据的边际复制成本几乎为0，其作为生产要素不具有排他性，数字经济能够打破传统生产要素边际收益递减的陷阱，展现出"指数级上升"的价值驱动路径（如图2-2所示）。

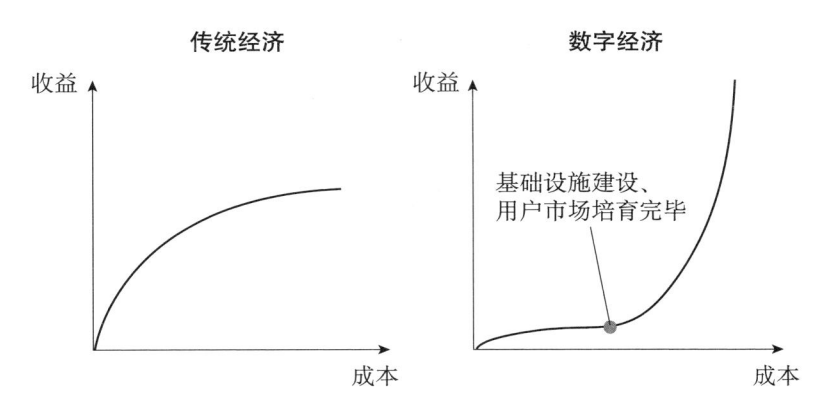

图2-2 传统经济与数字经济的成本收益曲线比较

资料来源：ICBCI Research。

二、数字经济与平台经济

◎ **互联网经济的兴起**

2010年底,全球市值前十的公司中,只有美国的苹果和微软两家科技公司。而在十年之后的2020年,全球市值前十的公司中科技企业数量上升至8家,其中苹果的市值更是突破2万亿美元(如表2-1所示)。为什么科技企业的成长速度如此之快?资本市场又为何愿意给予这些企业如此高的估值呢?除却底层财务与运营数据,自上而下理解商业运行的潜在价值,同样不失为具有普世性的一种选择。

表2-1　　　　　全球市值前十大公司及其市值

2020年		2010年		2000年	
公司名	市值 (亿美元)	公司名	市值 (亿美元)	公司名	市值 (亿美元)
苹果	22 560	埃克森美孚	3 687	ITAUTEC	4 911
沙特阿美	18 657	中石油	3 033	通用电气	4 750
微软	16 816	苹果	2 959	埃克森美孚	3 022
亚马逊	16 341	BHP	2 430	辉瑞制药	2 902
谷歌	11 853	微软	2 388	思科	2 753
Facebook	7 780	中国工商银行	2 334	花旗银行	2 570
腾讯	6 977	巴西国家石油	2 291	沃尔玛	2 373
特斯拉	6 689	中国建设银行	2 223	沃达丰	2 367
阿里巴巴	6 297	荷兰皇家壳牌	2 077	微软	2 313
伯克希尔·哈撒韦	5 437	雀巢	2 031	AIG	2 282

注:灰色部分为科技公司。
资料来源:ICBCI Research。

过去二十年，平台型互联网企业通过高效匹配创造价值，因而享有合理估值。数字经济上半场以平台型互联网企业为代表，发力点在高效匹配。数字化转型普遍发生于流通领域，即消费者向生产者购买产品这一过程，表现形式为电商、共享出行、在线旅游、在线广告分发等。互联网平台虽然本身不参与商品生产，看似不创造经济价值，却如同一只"看不见的手"，通过矫正市场失灵使国民经济达到均衡状态。我们通过更直观的分析发现，高效匹配并不只是零和博弈，而是通过以下双重效应创造价值，实实在在地增加了GDP。

效应一在于匹配真实供需。在互联网平台诞生之前，以信息不对称为主的市场失灵，导致部分产能与需求无法完全匹配，达成市场均衡的供给与需求均小于真实情形。以打车市场为例，空车与乘客打车困难的现象可能同时并存。互联网平台借助数据搜集、算法优化等途径，识别并调配多余产能与未被满足的需求相结合，使供给曲线和需求曲线右移，并更接近于原生状态。假设摩擦对于供需的损耗程度一致，在价格不变的情形下，总产出上升。

效应二在于降低生产者门槛。从商品和服务提供者角度来看，去中介化降低了生产者的潜在成本和门槛，吸纳更多生产者进入相关领域，导致供给曲线进一步右移。但是从消费者角度来看，匹配机制的优化并不显著增加需求。尽管供给增多，选择范围扩大，但消费者的需求主要呈现内部结构性转移。仍以打车市场为例，乘客对出租车的需求部分转移至网约车，而出行需求总量保持相对稳定。因此，在新的均衡下，价格进一步下降，产出进一步扩大。平台型数字经济通过矫正市场失灵创造经济价值，同时降低生产者准入门槛推动经济增长。新均衡在降低价格的基础上提升了产量，是一种显著的帕累托改进。互联网平台普遍以"轻资产"模式为主，极低的要素投入却撬动了整个社会的价值创造，因而获得资本市场的追捧，成就了高估值和高回报。

◎ **互联网平台的整治**

从宏观角度来看，加强互联网平台监管及整治正是有助于市场回归理性均衡之举。平台型企业创立之初，大多采取免费乃至烧钱补贴等方式占据流量高地。但在激烈竞争后，寡头格局基本稳定，企业流量变现成为必然。当前中国的平台型数字经济发展已经进入这一阶段，因此我们对模型进行调整[1]，将互联网平台收取的手续费看作类似税收的楔子，同时根据定价高低分析其对社会福利的影响。当互联网平台所挤占的利益超过其对社会总福利的贡献价值时，平台收费过高促使消费者和生产者均出现明显痛感，两者愿意放弃平台使用、回到原初状态。而最理想的情形是互联网平台收取较低的价格，使得社会各参与者福利均得到提升。然后，由于互联网平台最终都要追求利

---

[1] 在传统模型中，中介机构从属于商品及服务提供者，计入生产者剩余。这主要是由于传统中介机构小而散，深度融合于产业链中而难以单独剥离。但在互联网平台参与流通环节的模型中，互联网平台具有独立定价能力，且覆盖面更广，适宜单独探讨其定价对于社会福利的影响。

润最大化，在其匹配机制相对消费者和生产者为数据黑箱的现实情境中，缺乏制定相对低价的动机。两厢博弈的结果，是互联网平台的收费均衡区间将大致处于两者之间，即消费者和生产者的福利均有所提升，但消费者需接受相对高价，主要的剩余价值则被互联网平台攫取，既不利于社会公平，也有碍效率的进一步提升。自2020年末起，针对大型科技企业的反垄断审查席卷全球。我们认为，来自监管的审查表面上为约束，实际上是鞭策，旨在引导互联网平台释放给行业参与者更充裕的发展空间。在当前阶段，这也是互联网企业摆脱存量博弈、估值台阶上升的必要过程。

从微观角度来看，未来促进供需双向繁荣的互联网企业，估值空间更值得期待。平台型数字经济发展到现阶段，真实供需的匹配已基本实现。继续延续旧模式发展，难以创造新的价值。因此，我们认为，资本市场对于互联网企业的认可逻辑正在发生两大质变：

第一，由消费满足型到消费引致型。平台型企业虽然识别出消费者真实需求，却并不扩大或创造新需求。互联网平台在精准调度多余产能后，降低了生产者成本，促使商品数量及种类增加。然而在消费端，互联网平台虽然优化了消费者选择空间，但对总量推动作用甚微。拼多多和直播带货模式便可被认为是一次扩大消费者需求的尝试。拼多多不止于满足消费者已被自身认知的需求，它还通过改变传统的电商搜索模式，以推送商品流引导人们开发不同层次的消费需求，包括冲动消费、理性消费、发泄性消费。直播带货同样采用推送模式，在借助网红效应吸引受众的基础上，大幅简化了消费者做购物决策的流程，从而使消费者的新需求更易于被激发。

第二，由就业创造型到赋能制造型。如上文所述，降低生产者准入门槛是互联网平台创造价值的重要方式之一，然而，单纯依赖于匹配机制优化的生产者成本下降不可持续，过度供给反而会侵害原生产者利益。虽然生产者剩余总体呈现扩大趋势，但供给曲线的过度右移将致使原生产者福利损失，而新增的生产者剩余全权分配给低门槛生产者。长此以往，品牌商提升品质的动力将会削弱，应警惕劣币驱逐良币的局面形成。我们认为，生产领域的数字化变革推动生产者成本的长趋势下降，将从根本上提升劳动生产率，在新阶段兑现其核心投资价值。

三、数字经济与国货崛起

◎ 新国货崛起的底层逻辑

近两年，主打国内生产、国内消费的国货品牌加速突围，成为构筑国内大循环的重要一环。京东发布的 2021 年"618"购物节数据显示，京东 236 个品牌销售过亿元，其中，中国品牌占比达 73%。更有意思的是，2020 年中国品牌的用户数同比增幅比国际品牌高出 18%。

国货往往被打上民族自信或者新生代"实用主义"的标签，但情怀或许只是表面，究其根本，新国货的崛起是数字改造经济系统的伴生现象。品牌溢价已不再是数字经济时代的企业护城河，产品内核的持续输出方能构成企业价值的长期来源。从毛利率与净利率双双低于国际水平，到净利率不断赶超、实现逆袭，中国的日常消费板块正以高性价比谋取数字红利。相较国外企业注重以品牌维护提升议价能力，优质的国产品牌借力数字经济另辟蹊径，放低身价但不放低追求，以匠心打磨产品内核，以数据加速需求迭代，以算法削减中间成本，从而实现生产者与消费者的双赢。而日益分化的商业逻辑，将是新国货长期确定性投资机遇的根本所在。

国货突围不只是情怀加成，也是数字经济时代的必然之势。回顾历史，国产品牌的崛起并非首次。早在 20 世纪 90 年代，除胶卷、可乐、咖啡等少数消费品以外，中国多数消费品市场均被国产品牌占领，尤其在家电市场。当时，中国的人均 GDP 不足 1 000 美元，进口商品价格高昂，令人望而却步；相对低价的国货通过效仿国外与规模生产，成为人们改善生活质量、提高生活水平的优选。然而，时至今日，中国人均 GDP 迈过 10 000 美元台阶，追求品质生活已成为每个人能够实现的小目标。为何新国货却在此刻展现出了前所未有的生命力？我们通常把新国货的崛起归结于人口结构的变化和年轻一代的民族自豪感，但更深层的是，数字经济进入商品的流通环节，改造传统的经济学模型，使得国货在生产和销售两个维度获得重生。

从生产维度看，新国货的重要内涵是"品质升级"，生产者有动力提升产品质量。互联网普及前，微观经济学中的"柠檬"市场很好地刻画了国产品牌的窘境。90年代后，伴随中国经济增长与居民收入提升，国产品牌却并未明显改善，仍长期停留在"质差价廉"的固有印象之中。其根源在于市场信息不对称，商品质量不容易验证，致使消费者不愿意为不透明的市场支付高价，从而导致市场充斥低质量商品，形成劣币驱逐良币的局面。而当时的进口品牌已经深谙市场经济法则，借助优质售后、高价广告等手段发送信号，使其区别于劣质商品，成为国人一时热捧的对象，由此获得高额的品牌溢价。以社会观点看，进口企业发送信号的手段不增加社会产出，造成的分离均衡或许是一种资源浪费。迈入数字化时代，平台型数字经济的问世另辟蹊径，通过用户评价与直播等方式真实客观地反映产品质量，从而以零社会成本区分劣质与优质产品。由于产品本身成为最优信号，企业不再需要额外发送信号来证明自己，"柠檬"市场问题从而大幅缓解，激发企业专注于产品研发与设计，以优质产品赚取高额利润。

从销售维度看，新国货的驱动引擎是"需求迭变"，消费者愿为高性价比买单。数字经济大时代，传统信号的作用大幅削弱，因此商家舍弃高昂的广告费用和高档的商铺租位，消费者对产品的认知并不发生本质改变。相比之下，国产品牌借助低成本的数字化营销方式，却能收获不输传统品牌打造的意外实效。企业以优质产品为主线，搭建公域和私域的流量全景生态，获取精准的用户画像，实时洞察消费者喜好进行产品迭代，借助算法以"裂变式"传播直达潜在的目标受众。由此，在信息日益透明的国内市场中，国产品牌能够凭借更充分的信息优势，将维护品牌溢价的成本让利给消费者，提供一种物美价廉的新选择。

新国货的加速崛起是中国数字经济发展的伴生现象，而这一趋势已经来临。英国品牌评估机构的"2019年度全球价值成长最快的100个品牌"榜单中，在全球前十个价值增长最快的品牌中，中国占了八个，并包揽了前四名。而《2019"新国货"消费趋势报告》显示，2017年中国品牌商品的下单商品销量同比增幅高出国际品牌7%，2018年中国品牌商品的下单商品销量同比增幅高出国际品牌8%。

◎ 数字经济时代的企业护城河

品牌溢价成为过去时，构筑新护城河需要回归产品本源。过去，一个品牌形成良好口碑或者达成高额销量需要经年积累，因此，其品牌积淀中获得的议价能力成为企业宽广的护城河。在数字经济大时代中，信息传递不断提速，倘若未来区块链技术再得到应用和发展，信息不对称将降至最低，拥有优质产品和技术的品牌成长路径将大幅缩短，百年老店也可能被新生一族迅速超越。

新冠肺炎疫情发生以来，本专注于B2B批发的网站"1688"

开始被年轻人广泛关注，其产品直接来自加工厂，甚至不冠以品牌，这标志着数字经济时代品牌自身的溢价逻辑已不再牢固。从长远角度看，代工厂本身不具备产品设计与研发能力，短期虽能凭借制造工艺提供商品，但长期仍然需要创意与科技加持，以科研实力和创新能力为底层基础的品牌商仍是产品核心。但在品牌信号作用明显削弱的情形下，过往种种皆为序章，唯有持续展现产品实力，才能构筑企业的新护城河。在后疫情时代，以国内大循环为主体、国内国际双循环相互促进的新发展格局正在形成，大量中国的代工厂已经实现出口转内销。虽有电商助力打通销售环节，但自主研发能力的匮乏仍然是制约其长期发展的因素。这也将促成国产品牌的历史性机遇：通过招揽制造工艺领先的代工厂，释放自身技术研发的潜能，实现市场份额的进一步扩大。

从细分行业看，中国消费板块正彰显数字红利，也因此获得外资的广泛青睐。从数据上看，国产企业的毛利率和净利率与全球水平的横向比较，可用于侧面验证新国货突围的逻辑。根据 Wind 统计，2020 年中国日常消费板块的毛利率均值为 29.39％，而全球该板块的毛利率高达 32.06％。然而，中国品牌在净利率表现上却出现逆袭，以 11.15％的均值大幅高于全球的 4.10％（2010 年前，中国品牌净利率始终低于国外品牌）。相对而言，可选消费商品频次低且单价高，攀比、炫耀等非理性行为或扰乱经济学模型假设，但中国的可选消费板块在 2020 年也开始呈现上述趋势，2019 年国产品牌的毛利率与净利率均略低于全球水平，而 2020 年国产品牌净利率则上升至 3.6%，反超全球平均水平 2.8%。

由此不难发现，国产品牌的商业逻辑已与进口品牌明显分化。相比国外企业注重以品牌维护提升议价能力，国产品牌借力数字经济另辟蹊径，将重心置于生产环节，利用数字化营销与高效物流减少销售等中间环节成本，从而实现生产者与消费者的双赢。此模式下，国产品牌份额的扩大料将具有可持续性。从细分领域看，汽车零配件、家庭耐用消费品、电脑与电子产品零售等细分领域，毛利率与净利率表现出现背离，同样彰显新国货的突围逻辑。

四、数字经济与圈层文化

◎ 从大众消费走向小众分层

昔日"一款机型走天下"的苹果手机，近年来却频频拓展产品线，iPhone13 推出四款机型，主打不同的性能与外观。苹果公司站稳多样化战略，意味着大众消费时代已然成为过去时，小众分层文化才是当今数字经济时代的主题。基于社会网络视角，人类自古以来在地理位置、兴趣爱好等多重限制下，自然会形成高度分隔性的关系，即"圈子"。区别于少数服从多数的大众文化，"圈子"中具有影响力的少数人可能掌握绝对话语权。数字经济虽不是圈层文化的始作俑者，但其降低沟通交流的"皮鞋成本",扩大了熟人与信任关系的范围,从而加剧了圈层内部的同质性与圈层之间的极端化。从商业角度看,数字经济与圈层文化的融合削弱了规模效应的决定性作用,正在缔造"小而美"商业机会的最好时代。小众需求的蓝海亟待挖掘。但以社会和国际关系视角看,这种融合也增强了极端化,可能会引致贫富差距的进一步扩大、代际流动性的降低,以及国家之间摩擦纷争的常态化。由此我们认为,圈层文化与数字经济的最终结合体,或将推动单一世界升维至平行世界,而新技术、新算法的持续进化,则为分裂的世界创造出一种新型的弥合可能。

"社交"对消费者决策的影响日益加剧,锚定细分人群的圈层经济学由此进入大众视野,成为商业竞争的重要参考。事实上,我们理解的圈层文化可能存在两个误区:第一个误区是认为圈层文化由互联网产生,以抖音和快手为代表的数字经济新模式构筑圈层社交生态,而人工智能和大数据等新技术刻画用户画像,为企业进军细分领域提供了土壤。第二个误区则认为圈层文化是一种群体性诉求,代表的是一类人独特的生活工作态度。然而,以社会网络的视角看,事实可能并非如此。

第一,数字经济不是圈层文化的始作俑者,反而是圈层文化促使互联网从开放连接走向碎片分裂。物以类聚,人以群分,圈层是一种本就植根于人性的人类文化。马修·杰克逊在《人类网络》中的研究表明,人类网络关系并非杂乱无章,人会受到地理位置、兴趣爱好、家庭背景等多重限制,形成高度分隔性的网络。如图2-3所示，在多人组成的社群中，网络关系不呈现出b中随机网络的形状，而是a中相对分裂的群组关系。互联网的初衷即是为了打破物理分隔，让所有人无差别地生产、接触与传递信息，本质上是一种促进公平与多样化的手段。回顾数字经济发展的历史，以脸书、谷歌、亚马逊为代表的领先科技企业，在智能手机和4G网络的普及下迅速扩张，不分阶层高低地将互联网服务惠及更多人，在某种程度上已经实现机会的均等化。"小镇青年""新蓝领""银发族""宅男宅女"等原先不受主流关注的群体，发挥出了不俗的消费潜力，成为企业的重要目标客户。然而与此同时，互联网企业也觅得藏于圈层之中的商机，借助算法和大数据技术将随机性的互联网连接改为指向性的，投其所好，从而实现利益最大化。演变至今日，圈层文化中原有的高度分隔性在互联网中再次得到强化，不同圈层人群所接触的互联网信息可能完全不同。

第二，圈层文化中少数人可能掌握绝对话语权，而数字经济加剧了圈层内部的同质性与圈层之间的极端化。在现实生活中已经涌现出各式各样的小众圈层，按兴趣爱好分类的诸如"国风""二次元"，按现实情形分类的有"小镇青年""00后"。更严肃的上升至哲学的分类，包括"自由主义""精英主义"等。人们往往认为，圈层代表的是一类人与众不同的鲜明态度，但如果从社会学和经济学角度分析，圈层实质上代表的可能只是少数核心人物的想法。在任何社群中，能够与更多人建立联系的人（即处于中心位置的人，简称"中心人"）往往会拥有超

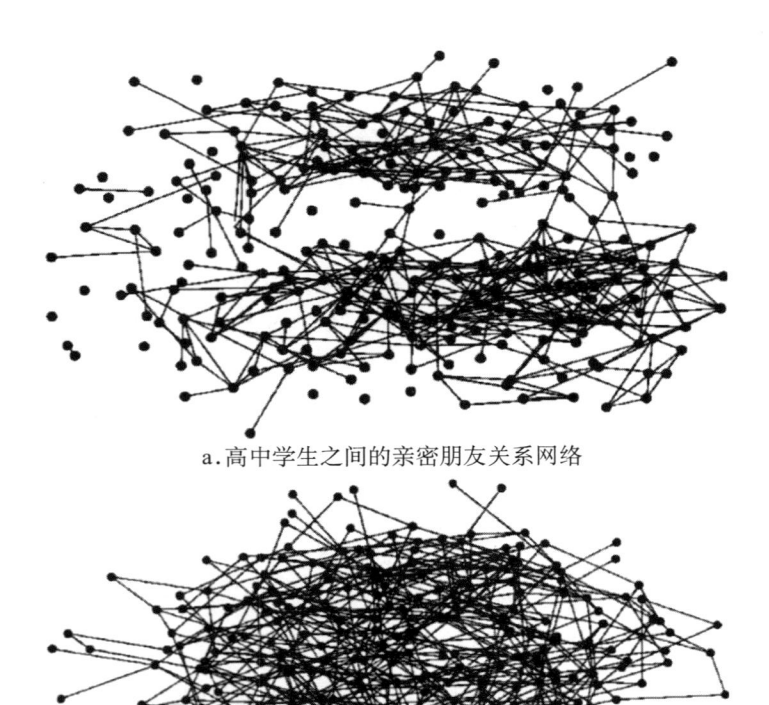

a.高中学生之间的亲密朋友关系网络

b.有着与图a同样数量与节点的随机生成网络

图 2-3　人类关系网络与随机关系网络的区别

资料来源：《人类网络》，ICBCI Research。

出比例的存在感与影响力，而其他人可能会遭遇被"过度代表"的情形。由于处于非中心位置的人们往往只能看到中心人的举动，即使非中心位置的人数更多且意见在初始状态下并不相同，在从众心理的作用下他们也会趋向于靠近中心位置。而互联网加速信息的传递，降低了用户搜寻与加入圈子的"皮鞋成本"，扩大了熟人与信任关系的范围，中心人的影响力进一步放大，从而能够影响全球千百万人的决策。因此，圈层内部的同质化与圈层之间的分裂极化得到空前加强。

◎ 圈层经济带来的商业机会

在商业机遇上，这或许是最好的时代。圈层经济精细划分出黏性高、社交情绪自发活跃、便于识别特征的"社交群体"。相比大众消费的普及，小众需求是过去鲜有触及而又具有延伸潜力的蓝海。从淘宝和京东的搜索电商模式进阶至快手、拼多多、抖音的社交电商模式，消费与生产的外延边界已经开始拓展。如图2-4所示，传统电商基于搜索，消费者有购物需求时方才使用，且在平台上通过翻看评价、销量、价格等数据进行横向比较，是一种相对理性的购物选择。新型的社交电商则是基于"熟人＋信任"模式的圈层文化。消费者原本并未形成的消费需求被突然激发，体现为在休闲娱乐过程中被"种草"，从而冲动下单。诚然，在现阶段，社交电商模式仍存在不少问题，比如产品质量遭人诟病、只有品类而没有品牌、流量与销量的转化并不顺畅。但是，小众圈层背后潜在的商业机遇是不可否认的。

过去的大众消费时代，大企业往往能够凭借规模效应胜出。

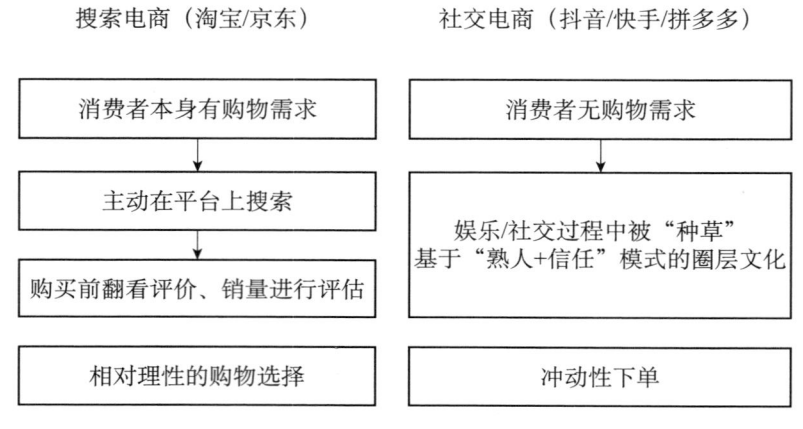

```
搜索电商（淘宝/京东）                社交电商（抖音/快手/拼多多）

┌─────────────────────┐          ┌─────────────────────────┐
│  消费者本身有购物需求  │          │   消费者无购物需求       │
└──────────┬──────────┘          └────────────┬────────────┘
           │                                  │
┌──────────▼──────────┐          ┌────────────▼────────────┐
│   主动在平台上搜索    │          │  娱乐/社交过程中被"种草"  │
└──────────┬──────────┘          │ 基于"熟人+信任"模式的圈层文化│
           │                     └────────────┬────────────┘
┌──────────▼──────────┐                       │
│购买前翻看评价、销量进行评估│                       │
└─────────────────────┘                       │
                                              │
┌─────────────────────┐          ┌────────────▼────────────┐
│   相对理性的购物选择   │          │      冲动性下单          │
└─────────────────────┘          └─────────────────────────┘
```

图 2-4　搜索电商模式和社交电商模式

资料来源：ICBCI Research。

比如掀起智能手机革命的苹果公司，曾经每年只推出一款手机。虽然苹果手机定位高端，但在大众消费时代，独特性与精品性使其成为时尚标杆，成为真正意义上老少通吃的产品。一款产品要符合所有人的口味，需要革命性的创新以及后续充足的供货能力，因而成功企业的规模必须很大，数量则屈指可数。然而，苹果手机近年来却开始转变这一定位，拓展机型。从 iPhone12 起，产品线史无前例地增加至四个，其中包含普通版的 iPhone12、史上最轻薄的 iPhone12 mini、性能更强大的 iPhone12 Pro 及 iPhone12 Pro max。国行版的售价也从 5 499 元到 11 899 元不等，跨度较大。

在小众圈层文化盛行的今天，苹果也逐渐认识到了用户分层的重要性，从而根据用户消费能力与实际需求进行产品设计。

畅想未来，产品线的区分或将不再拘泥于性能和价格，而是根据消费者的更小众、更独特的需求来划分产品线。比如，美的发布的清净水生活三大水生活套系，分别针对关注护肤者、宝爸宝妈和精致生活者三类人群的特征推出。因此，"小而美"的商业机遇有望井喷，创业者们或因此迎来最好的时代。

◎ 圈层经济下的社会分裂

这可能同时也是最坏的时代，在国际与社会关系演变中，我们需要警惕圈层强化的潜在风险，同时正视全球多极化的持续可能性。一方面，人工智能与大数据等新技术将持续提升劳动生产率，加剧不同经济部门之间的贫富差距。低技能工作人群由于在线商店、机器人的出现而被替代；接受高等教育的人群则借助高效生产工具武装自己，从而积累更多的财富。另一方面，互联网强化了圈层内部少数核心人物的影响力，稀释了原本圈层之间的过渡层，极端化由此加剧。安雅·普拉默的研究显示，某个地方从没有互联网连接变为完全覆盖互联网服务之后，当其他条件相同时，当地政治的极端化程度会提高22%。

过去的25年中，互联网与技术革命促进了经济全球化，在利益之上不可分割的产业链体系不仅优化了整体收益，同时也降低了摩擦纷争的可能性。但如今，算法让人们在社交媒体上更容易接收到与自己意见类似的观点，并不断在这一维度上强化，狭隘的极端化声音从而易于形成。民粹主义、保护主义和孤岛主义由此盛行，叠加疫情的物理阻隔，原本建立在贸易之上的大国关系逐渐变得脆弱，地缘之间的摩擦纷争将更有可能成为未来较长一段时间的全球主题。

圈层文化影响之下，未来的世界将寻求更平等的连接，还是更高效的分裂？效率与公平如何兼顾是经济学研究永恒的命题，而人类社会也总被裹挟在两股力量的纠缠中前进。正如互联网的初心是构建一个无差别、无歧视的新世界，区块链的出现则是为了救赎互联网的痛点，致力于将高效极化的互联网重置为平等的连接状态。

由此我们认为，圈层文化与数字经济的最终结合体，将促使单一世界升维至平行世界，从而维系效率与公平、连接与分裂的平衡感。由此，以下两个关键趋势值得关注：第一，相互隔阂的平行世界之间的联系人将扮演更加重要的角色。可以预见，未来圈层之间的沟壑仍可能不断加深，让不同的平行世界相互理解、彼此融合日益困难，而联系人或能成为不同世界沟通谋求共同利益的线索。第二，新的对抗算法会出现。当前算法筛选出我们喜闻乐见的信息，使看法相近的人聚集在一起，但这不会是算法的终点。2018年，海外大型互联网企业的工程师们便已做出了改变，他们建立了名为"人道科技中心"（Center for Humane Technology）的组织，致力于创造一个新的互联网环境，抵抗硅谷互联网企业让人上瘾的算法。保持清醒与理性，是人类与动物的根本区别，也将是时代前进的福音。

五、数字经济与制造业

数字经济的发力重点正在由服务业向制造业转移。发改委等13部门联合发布《关于加快推动制造服务业高质量发展的意见》。其中提到，利用5G、大数据、云计算、人工智能、区块链等新一代信息技术，大力发展智能制造，实现供需精准高效匹配，促进制造业发展模式和企业形态根本性变革。2022年的政府工作报告也强调了以数字技术推动制造业发展的重要性，全面推进工业互联网的升级。

从科斯的经济学理论出发，数字化链接能够降低达成最优均衡的交易成本，促成基于既有禀赋的帕累托改进。过去十年，数字化技术在服务业充分渗透，实现生产者与消费者的点对点高效连接，动态弥合供需缺口，提升配置效率。相比之下，格局分散、产能利用率低却仍是制造业悬而未决的痛点。在消费互联网加速催生定制化、个性化需求的浪潮之下，传统制造业的供需鸿沟还在进一步扩大。

时至今日，技术进步提供了新的可能性，云计算、大数据和物联网支持实物资产的海量链接，区块链打造基于多方互信的共识机制，将彻底刷新制造业的数字化版图。展望未来，伴随制造业的数字化渗透率逐步提高，其发展模式与企业形态也将发生根本性变革，分布式协作的新型生产模式或将成为主流。

◎ 数字经济时代的科斯定理

如果了解一点微观经济学，大抵就会听说过"科斯谈判"和"外部性"这两个词。外部性在生活中无处不在。凌晨3点邻居大声放音乐开派对就会造成负外部性，工厂排放的污水会对渔场造成负外部性；而邻居的美丽花园、果园与养蜂人邻近，互相受益，则都属于正外部性。科斯谈判，正是一种用来消除负外部性所启用的谈判方式。比如，在邻居大声放音乐影响休息的情形下，我们可以去找邻居商谈：如果邻居答应不放音乐，我们允诺给他100元的补偿，邻居接受则视为谈判成功。

科斯谈判讲的就是市场会通过交易自发达到最优的均衡，看似简单，但上述谈判隐含了两个重要条件：第一，交易成本需要尽可能低。假设邻居心中的目标价位是50元就可以不放音乐，但因为一开始就说100元，那么我们就损失了50元，并非最优均衡。如果讨价还价是没有成本的，那我们可以从1元开始跟邻居谈，直到谈到50元达到最优均衡。第二，产权需要界定清晰。在上述案例中，邻居在凌晨3点放音乐被视为他的合法权利，所以我们需要给他额外的补偿。如果反过来，法律规定不受到邻居的干扰是我们应有的权利，那么邻居想放音乐则需要找我们商谈，给我们补偿才能放音乐。

但在现实情况下，这两个条件均很难满足，搜寻、谈判、契约以及监督执行等交易成本客观存在，产权界定也并不明确清晰，我们往往只能追求次优解。从这一角度看，区别于传统的技术进步提高全要素生产率，以平台经济为代表的数字经济是一种存量优化，而非可持续增长动能，其本质是降低达成最优均衡所需的交易成本，实现既有禀赋下的资源优化配置。

一方面，信息畅通大幅降低了服务业的单次交易成本，比如组织生产者与消费者点对点交易，降低搜寻成本与"皮鞋成本"；参与者的自由加入和退出不受限制，动态调整供需平衡，降低了契约成本。另一方面，互联网企业运用数据模型模拟市场机制预测供需均衡点，旨在快速实现最优/次优撮合，减少矫正交易的次数。数字化技术渗透入直接面向消费者提供服务的各行各业，并且通过会员制度逐步培养消费者对于数字产品的付费意识，某种程度上满足了上述科斯定理中的理想假设，实现了服务业市场的帕累托改进。而此后数字经济与服务业的融合不断深化，并在 4G 和智能手机的技术突破下衍生出直播、短视频等新业态，造就了第三产业的"繁荣十年"。

◎ 数字经济救赎制造业痛点

制造业沉疴难愈，数字化链接或成治本良方。长期以来，在国民经济中同样举足轻重的实体经济制造业，数字化程度却一直处于低位。无论在企业内部还是企业之间，搜寻、谈判与调配等交易成本仍然高昂，市场分散和产能利用率低是传统制造业悬而未决的痛点。据国家统计局公布的数据，2020 年全年工业产能剩余比超过 25%。而消费互联网的加速进化推动定制化、个性化需求浪潮,"小单快返"成为行业运营趋势,致使制造业供需匹配的鸿沟进一步加大。一方面,制造业企业一般与固定供应商签订长期合同,而与非固定供应商之间沟通渠道不畅。在原有供应商产能不足的情形下,其他工厂即便有多余产能也无法及时调度,往往造成资源的无效浪费。另一方面,在更关键的内部组织生产过程中,如何分配人力、物料、能源、工具等生产性资源仍由管理者人为决策,资源配置效率高度依赖于管理者的筹划能力。

根据数字化技术在服务业渗透的成功经验,数字化链接能够高效匹配供需并动态优化资源配置,或将成为制造业的价值驱动新要素。从研发、供应链、工厂运营到营销、销售和服务,数字化链接在产业链每个环节的渗透,将促进数据在制造网络的流动,以算法机制替代传统企业预测、计划、协调与控制等人为管理活动。近两年,"1688"和"震坤行"等B2B工业品交易平台广受一级市场青睐,尽管其中业务仅涉及工业品买卖,而未涉及深层的产能调度排布,但影射出既有禀赋之下,制造业数字化的首要发展方向是强化数字化链接,以新型数字技术优化资源配置效率。

新技术刷新制造业数字化版图,分布式协作生产成为未来企业的主流形态。制造业数字化程度长期处于低位,主要原因在于制造业复杂程度更高。服务业直接面向消费者,互联网企业仅需要提供终端产品与服务的交易场所。而制造业产业链条冗长,需要考虑对物料、工具、人力、资金等上下游不同资源的组织,企业之间还存在多方利益的博弈,商业信息的机密性和数量级与服务业均不在同一层次。

传统中心化设计的互联网技术重在连接人,对实物资产连接不足,算力也无法承载巨大的工业信息流。如今物联网、云计算和区块链技术突破了这一障碍,在提供基于多方共识的完整加密信任机制之余,以分布式计算方式加强了海量信息的处理功能。伴随区块链、云计算、物联网等技术的广泛应用,制造业企业上链形成网状拓扑结构,实现供需的精准调度与匹配,将逐渐成为主流模式。

综合考虑服务业成功经验以及制造业自身特点,我们认为,制造业数字基础设施的建设需要把握两个重点:第一是畅通大类行业渠道。由于制造业各行业特性突出,组织生产具有专业性。相较于互联网平台的全面渗透,制造业的资源整合更适宜在行业大类内部铺开,通过对接产业链各环节的企业,为资源共享提供开放安全的场所。第二则是算法优化资源配置。制造业海量数据亟待利用,类似于共享打车平台运用算法预测实现智能派单,先进的数据分析能够助力企业降费提效,以尽可能低的交易成本实现最优撮合。

由腾讯与红杉领投的智布互联为我们展现出纺织业数字化的雏形,它利用 SaaS 云和物联网整合上下游的纺织业工厂,组织系统内的工厂跨厂协同完成面料的生产与制作,旨在实现"所有联盟工厂永不停工"的资源配置最优愿景。

展望未来,数字化逐步向制造业渗透,也终将从根本上改变上下游的直线型市场形态，转而形成分布式协作的智能生产网络。以技术和算法实现自治的新型经济模式也将解放企业管理者的双手，发展重心由生产流程的管理转移至数字化产品全生命周期的开发。

◎ 中国以软件升级赋能制造业

随着数字经济与实体经济的融合将从服务业进一步下沉渗透至制造业，软件升级可能将成为中国数字经济向内获得突破、向外辐射红利的关键所在。2021年末，工信部一连发布三个"十四五"发展规划，涵盖两化融合、软件及大数据产业，既点明了软件将在数字经济中发挥更为重要的作用，也折射出在"十四五"时期中国软件升级的方向。在数字经济由虚入实的趋势之下，软件在制造业的应用渗透不仅有助于促进数字经济与实体经济的融合，还将成为数字要素与传统要素有效整合的关键力量，因此在"十四五"时期，软件或将在新型价值链中攫取更多的经济价值。

具体来说，中国软件升级的方向将体现在国产化替代、生态建设与 To C 思维三个方面（如图 2-5 所示）：第一，软件升级需要打破国外软件巨头在工业设计、生产制造等核心基础领域的垄断，以硬实力的提升修补技术与隐私的双重敏感点。第二，软件升级需要从单一垂直型行业应用的内卷中跳脱出来，在成熟的公共数字基础设施之上共享融合，以提供生态型解决方案提升国际竞争力。第三，软件升级需要灵活借鉴 To C 思维，打通产业互联网的最后一公里。一方面，利用数据的网络效应调动专业软件开发人才，构建新型开源协作生态；另一方面，加快发展低代码/无代码功能，让业务人员能根据自身需求以简单易上手的方式开发应用，弥合 IT 专业人才的供需缺口。

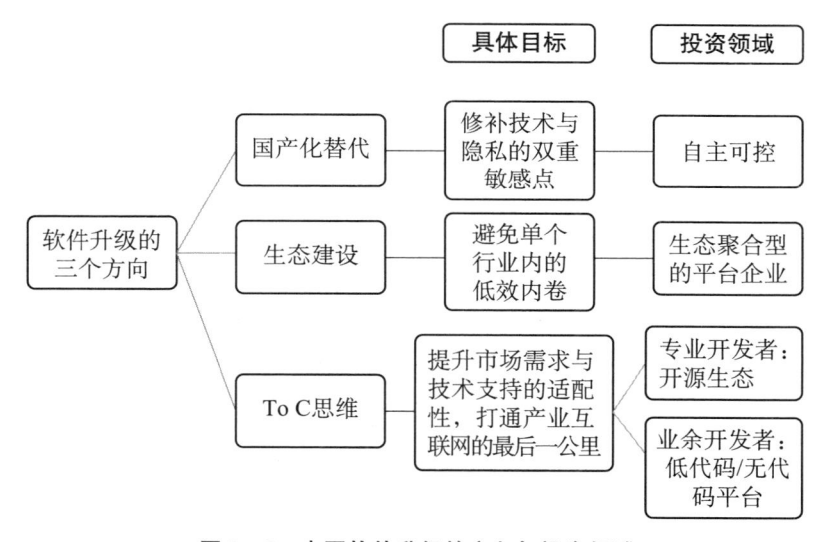

图 2-5　中国软件升级的方向与投资领域

资料来源：ICBCI Research。

软件升级将促进数字经济与实体经济的融合。中国信息通信研究院数据显示，2020 年我国数字经济在服务业的渗透率已经高达 40.7%，而在工业和农业的渗透率分别只有 21% 和 8.9%。就此，"十四五"规划给出了信息化与工业化深度融合的发展目标：到 2025 年，全国两化融合发展指数达到 105，企业经营管理数字化普及率达80%，数字化研发设计工具普及率达85%，关键工序数控化率达68%，工业互联网平台普及率达45%。

软件升级有助于实现数据资源与传统资源的整合。开发适配于工业生产的软件，是一种对传统资源及数据资源的高效整合，以数据的高乘数效应赋能生产，大幅提升制造业的生产效率。然而，长期以来中国的IT支出存在"重硬轻软"问题，对软件领域的投资相对不足，软件的市场价格长期受抑制。此时《"十四五"软件和信息技术服务业发展规划》强调要支持软件价值提升，充分释放"软件定义"创新活力，有望扭转软件价值长期失衡的局面，促使软件企业获得其应有的价值回报。此外，《"十四五"大数据产业发展规划》强调要充分释放大数据容量大、类型多、速度快、精度准、价值高的"5V"特性，激发产业链各环节的潜能。到2025年底，大数据产业测算规模目标是突破3万亿元。

软件升级需要加强国产化替代，修补技术和隐私的双重敏感点。在消费互联网领域，中国已经在全球范围内建立先发优势，形成了一批具有代表性的平台企业，在改造经济系统的同时为消费者提供了便利。然而，在产业互联网领域，中美之间却存在较大差距。在工业设计和生产控制等核心基础领域，国外软件巨头几乎完全垄断了我国市场，比如在仿真软件CAE市场领域，美国ANSYS、ALTAIR、NASTRAN等公司占据了95%以上的市场份额。而在SaaS新型"软件即服务"市场中，互联网数据中心（Internet Data Center，简称 IDC）统计数据显示，2020 年美国的企业服务（SaaS）市场规模约为中国的二十余倍。从资本市场估值上看，截至 2021 年 11 月底，美国最大的 SaaS 企业 Salesforce 市值已经超过 2 800 亿美元，而我国尚未出现具备相应成熟服务能力的 SaaS 企业。

在中国工业化转型初期，大部分企业习惯于"拿来主义"，直接订购国外成熟的基础软件而不进行研发，缺乏对工业生产自主可控重要性的认识。长此以往，中国工业化进程中积累的基础数据和应用数据不仅无法得到合理利用，反而会造成关键数据的向外流失。此外，在 2018 年美国几次"卡脖子"事件中，工业软件和芯片是同时遭遇禁运的"软""硬"两把利剑。如果中国工业生产仍然严重依赖于国外软件，那么在软件订阅模式的兴起之下，各类生产进程将更易受阻。因此，实现基础软件自主可控将是当前中国软件升级的首要任务。

软件升级需要营造良好有序的生态环境，避免低效内卷。公开资料显示，中国注册企业数量超过 4 000 万家（不包括个体工商户），理论上对于企业服务及数字软件存在广阔的市场需求。然而，中国企业自身的特殊性增大了软件服务发展的难度：第一，企业门类杂。加入世贸组织以来，中国在国际贸易中的价值链中枢作用不断提升，成为全世界唯一拥有联合国产业分类中所列全部工业门类的国家。产业门类众多意味着需求更多元化，单个细分赛道的市场空间相应被压缩。第二，生命周期短。据美国《财富》杂志报道，美国中小企业平均寿命不到 7

年，大企业平均寿命不足 40 年。而中国的中小企业的平均寿命仅为 2.5 年，集团企业的平均寿命仅为 7~8 年，中国企业难以长时间存续使得提供数字化服务的投资回报率下降。

因此，在相对有限的市场与利润之下，内卷成为中国大多数 SaaS 企业的必经之路。国内的 SaaS 企业一般从开发单一垂直类行业软件入手，缺乏形成完整生态版图的商业意识，产品矩阵往往存在割裂现象。相较之下，国外成熟的 SaaS 巨头通常强调生态化的行业解决方案，主流 SaaS 平均能通过 300 多项功能进行业务集成，Salesforce 更是集成了 3 860 种 SaaS 功能，联合向客户提供服务（如表 2-2 所示）。

"十四五"的三份规划中多次提及"生态"二字，包含培育生态聚合型的平台企业、提升生态影响力等具体细节，体现出在软件升级过程中，除了底层的互联互通要求外，还将着力于基础设施、应用平台和公共服务等生态环境的底层建设。软件服务提供商则可以在共享生态之上提供专业服务，从而降低研发的边际成本与投资风险。

表 2-2　　　　　　中美 SaaS 领先企业市值对比

美国领先 SaaS 企业	市值 （亿美元）	整合功能 数量	中国领先 SaaS 企业	市值 （亿美元）
Salesforce	2 806.9	3 860	用友	166.8
ServiceNow	1 288.9	559	广联达	118.9
Square	961.0	201	金蝶国际	105.3
Atlassian	948.0	4 000+	浪潮信息	74.1
Workday	685.6	119	金山软件	59.6
Zoom	630.0	1320	微盟	31.3

续表

美国领先 SaaS 企业	市值 （亿美元）	整合功能 数量	中国领先 SaaS 企业	市值 （亿美元）
Datadog	556.3	485	泛微网络	25.2
Twilio	510.3	176	有赞	15.5
DocuSign	487.5	347	鼎捷软件	9.7

注：市值数据截止时间为 2021 年 11 月 30 日。
资料来源：Wind，Pandium，ICBCI Research。

软件升级需要提升市场需求与技术支持的适配性，避免数字场景的真空化。除了提升软件硬实力之外，如何满足企业数字化转型需求、打通产业互联网的最后一公里也是需要着力解决的难题。我们认为，单纯的 To B 思维可能无法满足当下的发展环境需要，由于工程师与市场需求往往存在脱节，软件开发更需要灵活运用 To C 思维来与现实情形对接，"使用者即开发者"模式或将成为解决最后一公里问题的有效方案。对于专业开发者而言，积极拓展开源生态不仅有助于中国获取海外高级算法与软件，以此缩小海内外的技术差距，还能让充分了解产品需求的工程师参与代码编写，提升软件的实用性和可用性。开源生态正是利用了 To C 商业逻辑中的网络效应来聚集人才，使用者越多，意味着开发者越多，软件质量也随之提升。这种开发软件的新型协作形态，一方面促使专业开发者提升使用产品的意愿，另一方面，软件得以根据市场需求实时迭代，形成创新技术与商业模式的良性循环。比如在云计算领域，企业聘用的工程师既是软件的直接使用者，也会在企业做采购决策时间接提出专业建议，因而让其加入开发不仅有助于企业了解产品痛点并适时改进，还会间接降低获取客户的成本。此次"十四五"规划首次提及开源生态建设，并提出到 2025 年要建成 2~3 个有国际影响力的开源社区，意味着开源项目将逐步得到国家政策的扶持。对于业余开发者而言，低代码/无代码功能将显著增强应用对业务响应的敏捷性，弥合需求与供给之间的鸿沟。数字化转型下，企业开发应用的需求大增，但软件人才供不应求。根据 Gartner 的估计，2021 年的应用开发需求五倍于 IT 公司产能，专业 IT 人员只能满足 6% 的 IT 需求。而低代码/无代码平台则正是让业务人员可以像使用幻灯片一样轻松地开发应用程序，让每个人都能以定制化的方式满足业务实际需求。这种简单易上手的代码开发协作模式，或将让更多尚踌躇于数字化转型的企业向前迈出一步，为数字技术与实用场景的深度融合打通最后一公里。

第三章
数字经济将如何进化

　　追上未来,抓住它的本质,把未来转变为现在。

——车尔尼雪夫斯基

相比已知的过去，人们更关心的是未知的未来。在上一章中，我们具体分析了数字经济改造经济系统的几个伴生现象。本章我们则将放眼未来，深入探讨数字经济的进化方向。虽然数字经济激活了国民经济的新增长点，但当前的数字经济还并未处于最合意的形态，一些关键性的问题逐渐暴露在公众的视野之中。一方面，数字经济的生产力青黄不接。数字经济的基础科学与技术突破似乎陷入了停滞。自智能手机之后，新一代的科技革命成果迟迟未至。另一方面，适应于数字经济的生产关系尚未确立，而数据使用、产权界定、寻租现象与数字霸权四大隐患却正在带来比传统经济更高的摩擦成本。因此，谋求强大的数字生产力与谋求对等的数字化生产关系，将是数字经济后续发展的两大命题。除了企业自身要提前顺应由 Web2.0 迈向 Web3.0 时代的潮流之外，政府监管也将成为推动互联网生态进化的关键力量。如果我们从这个角度来解读 2021 年投资界的年度热词"元宇宙"，就会发现元宇宙恰恰描绘出了一种合意的数字经济终极形态：我们能够置身于一个完全沉浸式的数字平行世界，这里没有垄断、没有边界，任何人都能公平地参与其中。也正因如此，元宇宙本身虽然并未出现突破性创新，但在此刻却能够引发媒体界、资本市场和各类利益相关人士的强烈共鸣。

一、谋求强大的数字生产力

宏观趋势的涌动，离不开时代背景的迭变。放眼当前的全球大变局，两大浪潮正在深刻重塑这个时代。就全球而言，新冠肺炎疫情按下了经济变革的"快进键"，数字经济时代加速到来。就中国而言，"双循环"逐步开启，充沛的内需、有效的供给、顺畅的互联将成为发展新格局的核心要素。上一轮技术红利为消费互联网的渗透打下了坚实的基础，而面向更高数量级的工业互联网，更强大的数字化生产力是不可或缺的支撑。

新基建便是塑造强大数字生产力的一个侧面，不仅有望在"内循环"中加快供需双升级的步伐，亦将有助于巩固和拓展内外循环的多元纽带。2020年3月，中央明确了新基建的七大方向，其中5G、大数据中心、人工智能、工业互联网是数字基础设施的发展重点。

◎ **新基建与双循环**

新基建将推动"内循环"中的需求升级。"以国内大循环为主体"的前提条件在于夯实内生需求的韧性,当外需长期低迷之时,内需足以驱动经济稳定增长。在当前全球经济深度衰退的大环境下,虽然中国失业率整体平稳,但结构性失业压力仍然存在。因此,脱离国民收入的增长,直接通过引导消费扩大内需的逻辑并不牢固,以投资稳定内需才是强化"内循环"的第一步。相较而言,虽然传统基建能够直接扩大内需、拉动就业,但是此前部分领域已出现重复建设、产能过剩,进一步延续粗放型的增长模式将会拖累经济运行效率,未来需要更大成本去消化与矫正。

随着中国经济进入"减速增质"阶段,低质量的需求侧刺激难以匹配高质量发展的目标,新基建将是兼顾需求侧短期修复与经济长期发展的重要抓手。一方面,新基建本身将拉动大规模的投资需求。相比于边际效益明显递减的传统基建,新基建项目的未来空间大、盈利前景好,因此将更易于吸引社会资本长期投入,并避免传统基建重复建设、"挤出效应"等负向成本,更有力地托底经济与居民收入增长。在此基础上,另一方面,新基建有望通过两大途径,网络化地创造和普及消费新场景,大规模培育消费新行为和新需求:一是新型交通网络,以城际高铁和轨道交通、新能源汽车为依托,进一步提高城市群之间的交通效率,从而串联起跨城市的旅游、娱乐、商贸等服务消费新需求，并承接疫情时代服务贸易进口需求回流的新机遇。二是新型移动通信网络（5G），不仅能激活在线文娱、网络零售、云服务等线上消费需求，还将以"线上＋线下"的新零售形态推动消费升级重心的下沉，多层次释放中国超大规模市场的消费潜力。

新基建还将加速"内循环"中的供给升级。立足于中国完备的产业体系，通过工业互联网、大数据中心等新基建设施，中国经济将加快对供给侧的数字化升级，并与高度数字化的居民生活相连接。一方面，"自上而下"，通过攻克关键核心技术，纾解外部高新技术的"卡脖子"风险，对内带动产业链的整体升级。另一方面，"自下而上"，以数字技术赋能传统产业，培育数字经济产业的土壤，创造新的内生增长点。由此，中国有望孕育出新一代数字化生产方式，同时具有大规模生产、创新生产和精细化定制的三重优势（如图3-1所示）。

具体而言，未来中国"数字化生产"的特征将表现为：其一，为科创企业提供低成本、高效率的量产能力，使其科技成果迅速转化为经济效应，进而支持新一轮创新。其二，支持生产进程中灵活、精确地动态调整，缩短产品迭代周期，加快新供给对新需求的拉动，并减弱全球供应链波动的冲击。其三，消解供求两端的信息不对称，消费者订单被拆分后直达生产体系的终端，由此规模化生产能够深入小众化、多元化的细分市场，在提升消费者福利的同时，降低生产者的市场风险。回顾历史，20世纪初美国创新性地形成了"大规模生产"模式，奠

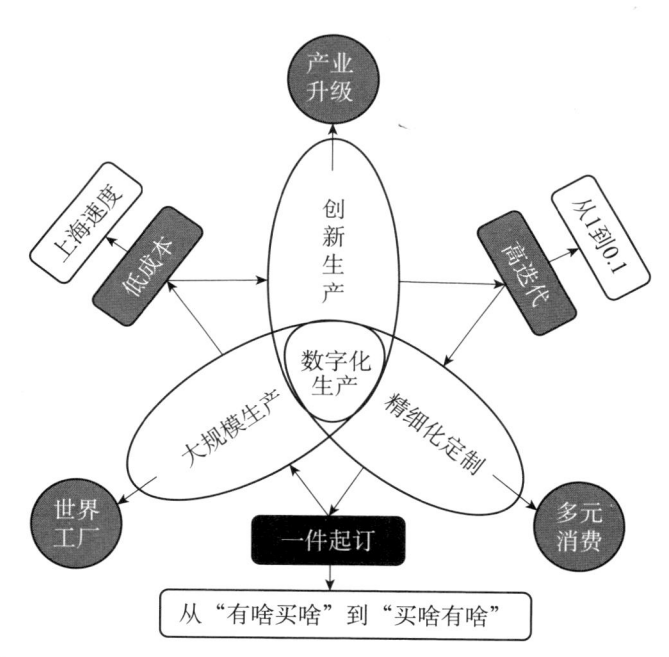

图 3-1　"中国智造"的"花冠模式"：以数字化生产为"花芯"
资料来源：ICBCI Research。

定其在高附加值产品上的国际竞争优势，从而一举跻身世界经济强国。展望未来，以新基建为跳板，中国也有望发展出适应新时代的"数字化生产"模式，进而从全球价值链的中低端迈向中高端。

新基建缔结内外循环的多元纽带。中国"双循环"虽以国内大循环为主，但并非"闭关自守"，其关键在于通过向内发力，实现向外突破，巩固和丰富与全球体系的纽带。中国经济长期处于全球价值链的中下游，向内引入上游的需求和技术，向外提供中低附加值的生产供给，因此与全球体系的纽带过于单一化。而当下全球民粹主义盛行，叠加疫情影响，各发达国家产业链向内收缩，引导必要产能回流，最先减少或转移的将是对中低附加值产品的需求，进而对上述单一纽带形成"脱钩"压力。

面对这一结构性问题，中国经济亟待以新基建加速产业升级，在更高水平上融入新一轮全球化。其一，在新基建助推之下，国内供需体系有望加速实现数字化升级，成为全球体系不可或缺的"供给—需求"双中心。同时，伴随这一升级进程，日韩、中国及东南亚的产业搭配格局有望进一步优化，跨境垂直分工体系趋于紧密，以区域一体化护航新一轮全球化。其二，以新基建作为加速器，中国数字经济的较快发展也将推动全球价值链的数字化转型，并由此开启国际合作分工的新渠道，加快形成基于新一代技术革命的新全球化时代。这有助于抵减疫情下传统全球化渠道的衰退，促使更多国家和人群共享全球化机遇，从根本上抑制因机遇分配不均而产生的逆全球化浪潮。其三，从金融视角看，立足于新基建，中国经济在需求侧、供给侧的数字化升级将产生丰富的结构性机遇和"独角兽"企业，进而吸引全球资本的长趋势流入，补足国内产业资本的缺口。这在与全球分享机遇、强化联系的同时，也使得中国能够更充分地利用国内、国际两种资源，加速自身新旧动能切换。

◎ 量子计算的突破

除新基建外，量子计算也被认为是下一代数字生产力的突破性技术。2020年，中共中央政治局带头学习了量子科技，体现出我国对数字经济时代自主研发关键核心技术的重视。量子计算是一种新的计算模式，虽然它并不能解决传统计算机无法解决的问题，但是它的计算效率却显著高于传统计算机。在电子产品领域，英特尔联合创始人戈登·摩尔最早提出了摩尔定律：当价格不变时，集成电路上可容纳的元器件数量约每隔18～24个月就会增加一倍，性能也将提升一倍。然而，随着晶体管间距接近1nm物理极限，摩尔定律逐渐失效，这也是数字经济生产力出现疲软的一大原因。区别于传统计算，量子计算是一种趋近的计算模式，通过同一时间处理量子位而获得更快更强的算力，被普遍认为是延续摩尔定律的关键。

在量子计算这一颠覆传统计算模式的全新领域中，中国的科研实力较为强劲。中国信息通信研究院发布的《量子信息技术发展与应用研究报告》中提到，从2000年到2019年，全球量子信息三大领域科研论文发文量持续上升：美国科研机构和企业的论文数量超过12 000篇，位列各国第一；中国紧随其后，超过9 000篇；德国、日本、英国分列第三、第四、第五位。在细分领域量子通信、量子计算、量子精密测量中，中国的论文发表量分列第一、第二和第二位。

基于量子计算的特点，其未来的应用领域也十分广阔，可与数字经济、人工智能、信息安全、金融科技等领先技术结合，发挥出更大的效用。就连加密货币所依赖的 RSA 公钥加密算法，量子计算机也只需要几分钟就能破解，因而量子计算的应用势必将会开启数字经济的全新智能篇章。值得注意的是，当前量子计算的产业化在国内外均处于起步阶段。虽然量子计算在学术界和实验室已经有了不少突破，比如，2021 年中国科学技术大学宣布构建 76 个光子的量子计算原型机"九章"，能快速地破解传统计算机几亿年都无法完成的难题，但是从实验室走向商业应用仍然存在巨大的鸿沟，现阶段量子算力还很难转化为用户触手可及的量子服务。

二、谋求对等的数字化生产关系

◎ 数字经济生产关系亟待重塑

数字经济的理想形态是以数据为刃，削减社会摩擦成本与无谓损失。从宏观大局看，数字经济在价值创造过程中，矫正了实体经济利益分配的方式。但从微观角度看，人、企业乃至政府都有一己私利，数字经济因而并不如预想中的完美，数据使用、产权界定、寻租现象与数字霸权四大隐患或将带来比传统经济更高的摩擦成本。

数据使用

全球每年创造的数据量是以指数级增长的。平台型企业势必要应对存储海量数据的难题，这也正是各大互联网企业大力发展云计算的初衷。此外，虽然过去在中国数据泄露与隐私保护问题相对被弱化，但美国的前车之鉴仍不容小觑。当脸书涉嫌隐私泄露时，其市值蒸发超过700亿美元。在电商模式被大众认可前，互联网企业曾耗费多年建立起了信任机制，但无论是有意或无意，信任机制的摧毁或许只在朝夕。近年来，国家连续出台一系列关于数据安全与网络安全的法律，包括《中华人民共和国网络安全法》《中华人民共和国数据安全法》《中华人民共和国个人信息保护法》，标志着互联网行业野蛮生长的时代告一段落，企业将更加重视对数据使用的规范与责任。

产权界定

虽然法律条款不断完善，但数据的产权归属仍不清晰，带来版权纠纷等潜在的摩擦成本。数据的低边际复制成本造就了对经济增长的"高乘数"效应，同时也带来严重的盗版缺陷。复制一件传统商品需要消耗同等的可变成本，但复制数据（音乐、电影等）于个人而言成本几乎为0。不可否认，过去多年数据的零成本传播是数字经济价值创造的源头，但伴随创作者版权意识的升级，互联网企业作为平台方往往需要承担侵权带来的损失。

寻租现象

企业的目标是股东利益最大化，而非社会总福利最大化，因此掌握数据的互联网巨头成为"黑箱"，或出于私人利益考量而歪曲数据传导。长此以往，互联网巨头从实体企业中攫取了大量的价值，但对生产的贡献却不发生实质变化。即使实体企业发现互联网平台的作用已不是提升利润，而是蚕食利润，也往往无能为力。互联网缔造了一个流量为王的时代，占据流量入口的互联网企业拥有极宽的护城河，为其寻租创造了条件，用户、内容创作者乃至第三方开发者只能选择被动信任。

数字霸权

由于互联网平台对用户数据的控制，互联网企业竞争成为大国博弈的核心议题。据 CB Insights 统计，2021 年中美独角兽占全球独角兽企业总数的比例高达 74%，而全球几乎都严重依赖于美国的互联网服务商。2018 年，欧洲联盟首先出台了严格的数据使用监管条例《通用数据保护条例》（General Data Protection Regulation，简称 GDPR），不仅出于对个人隐私保护的考虑，更想要摆脱美国的掌控。此后，各国监管部门都开始考虑跨境数据流动潜在的安全隐患。2021 年 9 月起，《中华人民共和国数据安全法》正式生效，意在全面保障个人信息与重要数据的安全。当寻租现象超越国界，数字霸权就此诞生，并在可见的未来成为霸权主义者实施制裁的工具，对全球的生产生活进程均产生巨大的摩擦成本。

上述四大隐患体现了数字经济生产关系的三重不对等：中小企业与大型企业的竞争地位不对等、用户与企业对数据的控制权不对等及数字强国与数字弱国的规则制定权不对等。生产力决定生产关系，生产关系反作用于生产力。数字经济生产力乘数效应的发挥，有赖于生产关系的妥善处理。脱离了公平开放的竞争环境，数字经济的乘数效应将逐步衰减。因此，我们需要尽快建立起对等的数字化生产关系，以此为基础释放数字生产的巨大潜力。

◎ Web3.0：进化的方向

互联网架构可以分为三层，分别是基础层、协议层和应用层。基础层是互联网的载体，协议层管理各参与方的生产关系，应用层则主导商业模式。如果我们回顾 Web1.0 时代，就会发现早期的互联网虽然形式简陋，却始终秉承着包容与开放的精神，协议层是 Web1.0 的核心。我们统称为 Web1.0 协议的 TCP、IP、SMTP 和 HTTP 协议都是在 70、80 年代设计的。任何人在任何地方都可以基于这些协议构建系统而无须经过许可。事实上，时至今日，无论是安卓还是苹果手机，它们的底层都依赖于这些开源的代码。世界上 233 个国家和地区、千万计的公司都神奇地遵循同样的协议，即使它们之间存在利益冲突。因此，Web1.0 时代的互联网实现的是真正意义上的连接，没有人能够单方面地控制它，它天然营造了一个中立、公平、开放的竞争环境。

然而开源很难赢利，所以我们随之迎来了 Web2.0 时代。我们现在身处的 Web2.0 时代，基础层是智能手机和 4G 网络，协议层被应用层吞并，提出商业模式的应用层企业有权制定闭源协议，即如果要使用企业服务，则必须同意它们规定的条款。

这也是历史演变的必然，开源无法赢利是一直以来最现实的利益问题，因而在Web2.0时代，创业公司找到了新的赚钱模式，即制定闭源协议。2020年全球市值前十的企业中已经有八家互联网企业，证明了Web2.0形成了以少数几家企业为中心的寡头垄断市场。凭借对数据和算法的控制，单家企业能够决定自身平台上的价值分配规则。然而物极必反，过多的权力集中不仅将面临审查，也正在抑制创新并造成社会福利的净损失。

如何从技术上解决开源不赢利和闭源无效率的矛盾呢？关键在于协议层的发展。2016年，乔尔·莫尼格罗在博客"Fat Protocols"中提出了"胖协议理论"，即传统互联网的大量数据价值被应用层捕获，而本应制衡应用层的协议层无法捕获价值，从而长期处于空白状态，形成了"胖应用瘦协议"（即应用包揽了协议）的局面。Web3.0的一个重要发展方向就是完善协议层的价值实现机制，通过区块链参与到社区生态的管理之中，以智能合约准确获取自己应得的收益。因此，Web3.0则更像是一个完全竞争的自由市场。

在传统微观经济学理论中，完全竞争市场的存在有严格的条件限制：第一是产品基本同质化；第二是市场上买者和卖者的数量众多，且企业可以自由退出或进入市场。这是由于，只有产品大致相同且容易实现，单个消费者或生产者无法左右其价格，市场才能用"看不见的手"进行调节。但Web3.0通过协议层的制衡（比如，隐私计算保障用户的数据所有权，区块链可分叉性制止寻租现象），即使提供独有的服务或产品，也无法形成权力垄断。在 Web3.0 时代，每个社区参与者都能获得与自身付出相匹配的收益（如图 3-2 所示）。

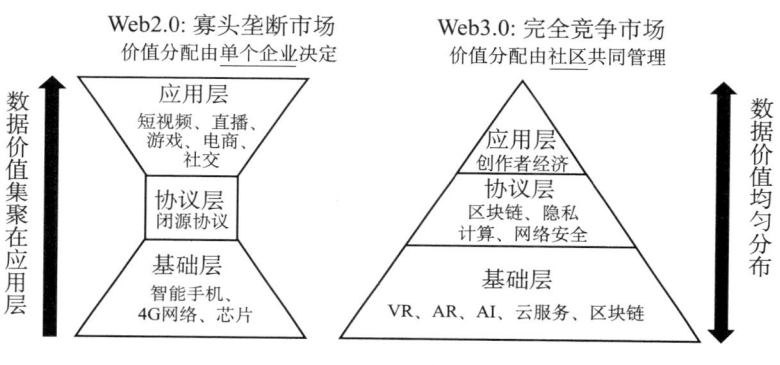

图 3-2　Web2.0 与 Web3.0

资料来源：ICBCI Research。

◎ **区块链是 Web3.0 的技术基础**

在协议层壮大的过程中，区块链将是一项帮助数字经济迈向理想模式的核心应用。2008 年，中本聪在关于比特币的论文中首次提出了去中心化加密协议的概念。此后多年，人们将比特币背后的一项技术原理提炼出来，称之为"区块链"，而且区块链的应用价值可以脱离比特币存在。区块链是一种底层技术，借助哈希算法、密码学与智能合约等技术突破在节点上记录交易并保证其不会被篡改。但区块链更是一种理念，承载着"确产权"与"反垄断"的经济与政治理想。在数据发布的那一刻，它的权属获得确认并无法被篡改；当用户夺回数据控制权后，基于协议的应用无法滥用用户数据；当加密协议一家独大时，分叉链可迅速继承它的一切特质。Web3.0时代，从"不作恶"到"不能作恶"，共识取代流量成为核心竞争力（如图3-3所示）。

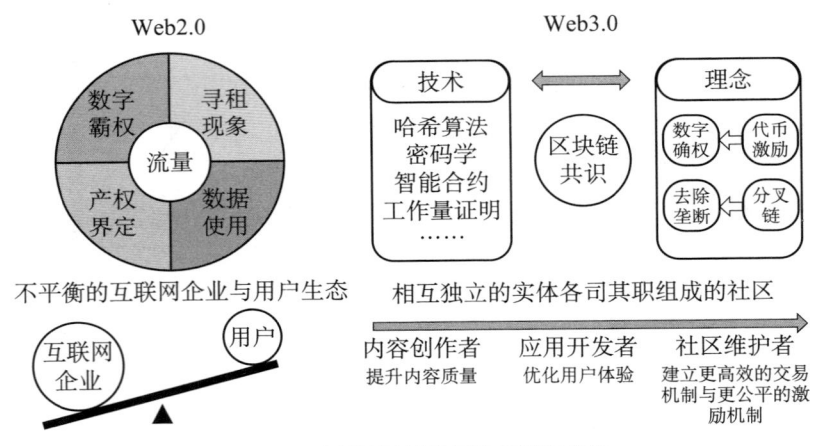

图3-3 区块链共识解数字经济症结

第一，区块链将帮助实现数字确权。区块链的理想形态表现为，无论企业或个人，都只是链上的一个贡献者。提供数据的用户、在应用上的内容创作者、以协议为基础的应用地位平等，他们均通过区块链技术确认产权归属，并依据协议标准获得链上的代币作为奖励。任何个体都不具备篡改或隐藏数据的能力，寻租现象自然得到遏制。这也无限接近真正的以人的创造力、影响力、技术知识等为核心资产的数据流量分配体系。

第二，区块链具有去除垄断的作用。用户流量并非加密协议的核心竞争力,优秀的社区共识才是吸引人们参与的根本之道。即使某个加密协议(如以太坊)具有极高的市场占有率,它也无法像传统互联网巨头一样,利用流量优势为自己寻租。在区块链上,所有的技术与信息皆为开源,分叉链可以迅速复制原有链上的数据,并以升级共识运行,对原链构成直接的竞争威胁。因此,加密协议的核心竞争力在于共识机制。在用户流量的资源属性弱化下,沉淀做技术,建立起更高效的交易规则和更公平的激励机制成为社区维护者的主要目标。

◎ Web3.0 的未来方向

联盟链是起点,但非终点。目前,Web3.0仍处于早期尝试阶段。全世界任何人都可参与其中的"公有链"不仅自身存在成本高昂、技术欠成熟等问题,还须应对潜在的监管压力。仅是加密货币现世即引起了各国监管层的激烈讨论;区块链共识若要彻底改变旧有世界的信任机制,更是逃不过监管层。相较之下,"联盟链"更受目前主流国家与企业认可,是区块链推广应用的最好切入点(如表3-1所示)。利益分配是最现实的动因。当前寻租现象已触及实体企业利益,诱导实体企业拥抱新的信任机制。联盟链仅允许授权的节点加入网络,在特定领域实现绝对的信息互通,让平台无法"黑箱操作",从而遏制寻租现象。同时,联盟链不涉及代币发行,与炒作投机相去甚远。相比公有链,联盟链虽然公平透明度有所降低,但效率更高,也更易于被公众与监管层接受。因此,联盟链已然成为国内政企和资本市场炙手可热的新星。例如,由北京微芯研究院、清华大学、北京航空航天大学、腾讯、百度和京东等知名高校和企业共同研发的"长安链",就是我国推动数字经济发展的主链,关键技术模块全部自研,和重大场景应用相融合。以历史视角审时度势,联盟链或许只是拉开了区块链务实落地的序幕,作为Web2.0向Web3.0的过渡产品,未来与公有链如何融合竞争,走向合意化的数字经济,更值得期待。

表3-1 联盟链和公有链比较

项目	公有链	联盟链
准入许可	无须许可	需要许可
透明度	高	低
效率	低	高
参与者	范围不限	特定企业与组织
治理机制	公众治理	企业群治理
激励机制	代币奖励	利润提升
底层技术	区块链	区块链

2021年中美科技股股价在反垄断审查之下的差异化表现,也从侧面佐证了互联网产业的方兴未艾。提前顺应Web3.0潮流的企业方能立足于长远。2021年,中美科技巨头均遭遇了来自监管部门的不同程度的审查,但两者的股价表现却出现分化。美国的FAAMG(五大科技公司)股价在监管风波中并未受到明显影响,其中硬实力突出的苹果和微软市值更是一跃迈入2万亿市值俱乐部。与此同时,中国的互联网巨头却表现相对羸

弱。我们认为，除了监管打击力度的外部性差异，根本原因还需要考察科技巨头的内生业务逻辑。比如，2020年亚马逊的云服务（AWS）业务创造了约12%的集团总收入，约占营业利润的63%，成为其最赚钱的业务。而中国类似互联网企业的云服务营收在总营收中占比相对较小，并且还处于持续亏损状态，核心商业模式仍有赖于电商业务的增长。因此，亚马逊已经超出以平台流量取胜的业务范畴，其估值转而由下一代互联网的基础层建设支撑，对于反垄断审查具有较好的抵御能力。社交领域亦是如此，改名为Meta的脸书的建设目标同样从社交网络走向了下一代互联网的基础层研发，收购虚拟现实龙头企业Oculus并成立Facebook Reality Lab，同时提出数字货币Diem（前身为Libra）计划，旨在为全球提供数字经济时代的新型金融基础设施。而中国的社交领域龙头企业虽然也在为下一代互联网未雨绸缪，但是执行进度与美国企业尚存距离，因而其大部分估值仍由流量支撑，在反垄断审查面前不可避免地遭遇"戴维斯双杀"。

三、"有形之手"加速数字经济生态进化

◎ 数字监管的三大发力点

虽然新技术的发展为Web3.0创造了条件，但企业作为既得利益者，很难从内部打破Web2.0时代的垄断，因此监管的

"有形之手"对于整个产业秩序重塑的引导作用不容忽视。当前，数字监管从平台反垄断、隐私保护和数据税等方面入手，表面为约束，实际是鞭策，意在谋求数字经济时代的机会均等、权利均等与规则均等，加速互联网由Web2.0时代进入Web3.0时代。

第一，谋求机会对等，强化平台反垄断。2020年是数字经济的一个关键转折点，新冠肺炎疫情推动了其加速进化与重心下沉，但与此同时互联网企业的"原罪"开始显现，在互联网"算法"加持下圈层的割裂空前加强，掌握大量数据的互联网企业似乎拥有了降维打击其他任何领域的权力。我国正在步入后流量红利时代，部分平台企业在跑马圈地阶段后，出现了利用自己的数据与流量优势追求利润最大化的情形，这可能致使实体经济让位于数字经济的发展，并挤压中小企业创新开拓的空间。根据经济学原理，理性人总在边际处思考。公众会在隐私防范与体验优化间权衡取舍，政府则在经济增长与潜在威胁间权衡取舍。当前，无论是公众还是政府，互联网企业所能带来的边际福利优化似乎不足以补偿公众对数据安全和垄断损伤的担忧。反垄断审查的出现既顺应民意，也符合国情，重在实现对市场失灵的三重纠偏：第一重在于释放生产力。根据经济学理论，垄断企业的产量低于社会有效率的产量水平，而作为价格制定者的它们也剥夺了平台上创作者的定价权，削弱了个体数字创新的动力，反垄断审查以政府"有形之手"扫除数字生产力进化的阻碍。第二重在于保障民生。伴随科技巨头对流量和数据实现全面掌控,数据滥用和大数据杀熟正在损害民生福祉。第三重则是维护数据安全。在大国博弈全面升级的新情境之下,跨境数据流动对数据主权的威胁已经不容忽视。2020年11月10日,国家市场监管总局发布《关于平台经济领域的反垄断指南(征求意见稿)》,一度引发市场的激烈讨论。实际上,该指南的出台并非为了打击平台经济的头部企业,而是因时制宜需要做出的改变,即谋求数字经济企业的起点公平与机会均等。营造一个公平、开放的企业竞争环境,方能激发实体经济与数字经济互惠共存。

第二,谋求权利对等,完善隐私保护条例。产业数字化不同于信息化,不局限于通过产业流程电子化以提升效率,更重要的是运用数据中隐含的丰富信息,以产业上下游数字联动赋能产业升级。由此,互联网企业记录大量的用户行为轨迹,借助大数据分析创造附加价值。但部分互联网企业处理数据的过程有欠妥当,除了违规使用或出售用户数据之外,还存在剥夺用户隐私保护权的行为,迫使用户在使用相关软件时必须先接受其制定的"霸王条款"。我们认为,用户理应拥有对其数据的完整权利,使用但不滥用数据不能只依赖于企业自身的道德约束,更需要法律的界定与保护。中国2017年开始实行的《网络安全法》已经对个人信息泄露明确了定义与处罚方式。法律主要针对网络诈骗等行为,但个人隐私保护不局限于可能造成的财产损失,也包含信息本身使用路径的合理性和合法性。欧洲2018年开始实施的《通用数据保护条例》更明确地规定了,欧洲的互联网用户对他们自身数据的使用有更多的控制权。比如，条例规定，作为数据主体的个人有权要求清除个人数据，或者更正不准确的个人数据。

第三，谋求规则对等，积极参与数字税国际规则制定。数据成为新型的生产要素，即创造价值的来源，其中数据运用者与提供者均为价值创造做出贡献，但数据提供者却往往难以直接分享收益。诚然，区块链、加密货币等底层技术为数据权属的确认提供了一种技术自治的解决方案，比如在以太坊生态中，智能合约的运用保证了数据提供者能够在未来创造收益时直接获得以太坊分成，实现价值回流。但加密货币币值波动剧烈，普适性、合法性以及市场教育程度都相对较低，上述方案无法成为主流。相较之下，数字税是在现有社会体系下更容易被接受的方法。习近平总书记在《国家中长期经济社会发展战略若干重大问题》中提出"积极参与数字货币、数字税等国际规则制定，塑造新的竞争优势"，充分体现出我国对数字税研究的高度重视。事实上，由政府部门向免费征用户数据的平台征收数字税，同样符合"价值创造来源与去向相匹配"的根本原则，且操作性更强。此外，数字税的合理制定也能够弥补数字经济时代税基侵蚀的缺陷，有助于矫正跨国互联网企业利用数字化资产内部转移避税的问题。虽然数字经济释放的红利已经成为当前各国的兵家必争之地，但未来的数字经济必将走向开放、融合与发展，而非禁锢、侵略与倒退。在国际竞争合作中，即使不同国家数字经济的发展存在先后和强弱，也要优先尊重他国公民的数据主权与税收主权。因此，我国积极参与数字税国际规则的制定，也是谋求数字经济时代国际竞争的平等性，为我国数字服务红利的向外辐射营造良好的国际环境。

◎ 监管下数字经济发展的全新态势

数字经济与实体经济往往处于利益分配的动态平衡之中。一方面，数据作为生产要素创造的价值并不与实体经济割裂。从商品构成角度看，数据价值的确挤占了人力、生产性资本等传统生产要素创造的价值，但其加总价值却有所提升。伴随技术进步，生产成本大幅下降，传统生产要素所赋予的价值自然日渐走低。因此，数据价值创造的实质是对传统经济利益分配的矫正。另一方面，数字经济过热也会实现自我平衡。当人的创造力、影响力的价值被无限抬高时，大规模劳动力将不断流入这一领域。相应地，商品生产商将成为稀缺资源，引导最终利润由数据向传统生产要素回归。我们认为，在数字化生产力与生产关系的全面重塑之下，这一过程不再是简单的倒退式回归，而是将激发出产业互联网的潜力，数字经济与实体经济的融合发展或将呈现出三大全新态势。

第一，追求从消费者到生产者的对称性普惠。中国数字经济的上个十年是消费互联网的黄金时代，变革主要发生在产品市场（即居民部门向企业部门购买商品的过程基本实现数字化）。其初衷是将互联网服务近乎无差别地传递至每一个人，实现某种程度的机会均等化。但若从经济学模型稍加分析，这实质上是一种非对称的普惠。其一，虽然生产者与消费者的整体福利获得长足提升，但是原有生产者却因为生产门槛的降低而受到利益侵害。其二，人工智能与大数据等新技术持续提升劳动生产率，加剧不同经济部门之间的贫富差距。其三，具备流量先发优势的大型平台挤压了中小企业的发展空间，发展后期或出现为了追逐利润而损害实体经济发展的情形。因此，数字经济的下半场将从产品市场转移至要素市场（即企业部门在生产商品的过程中运用数据），原有生产者有望通过打开实体商品的数字空间重获市场机会，而企业发展路径也将更多元化。智慧汽车、智慧家居、可穿戴设备等数字化商品，融合了数据与传统商品的多重特征，也将赋予传统商品新的数字内涵。比如，服装或不只是装扮或保暖的工具，还承载了健康监测等全新功能。

　　第二，拓展从连接人到连接资源的新六度空间。六度空间理论指出，人与任何一个陌生人之间所间隔的人不会超过六个。在消费互联网时代，互联网企业是这一理论的突出践行者，激发出社交网络的巨大价值。值得注意的是，产业互联网时代将不再局限于人的六度空间，而倾向于释放连接与整合全部资源的潜力。由此可以预见，产业互联网的一大革命性变化可能是，传统企业上下游的纵向联系将拓展为网状拓扑结构。其中，联盟链就是新六度空间的一项成功试验，原本并无明显交集的企业共处于一个技术支持的互信环境下，实现数据使用的整个过程透明可监督，进行更深层次的多维业务探索。例如，二手车交易长期存在"柠檬"市场问题，二手车质量无从保障，导致购买者期望与实际车价难以匹配，交易空间受限。矩阵元 PlatONE 与奔驰星睿二手车、戴姆勒 Mobility Blockchain Factory、摩联科技联合发布的 MoveX 车辆资产数字化管理解决方案，激励客户对汽车整个生命周期内各类低高频业务的数据主动进行上链存证，以此确保车况的准确性和可靠性，借以提升汽车残值。由此可见，跨界企业通过多向联合拓宽产品市场的界限，以此挖掘市场增量空间。

第三，打造从流量到诚信的合作型共识。原有六度空间以连接人为主，因而流量被视为核心，平台经济的发展模式相对固定，即垄断流量形成排他性的社区生态，挤出其他企业的竞争机会。而当从人的六度网络拓展到商品、企业乃至更多资源时，流量的不可取代性将会被大幅削弱，如何连接更多资源、创造合作共赢价值的共识成为关键。因此，产业互联网摆脱"烧钱"模式，拉开了从竞争博弈走向合作信任的序幕，以互信互惠探寻增量业务价值。事实上，在我们所处的消费互联网后半段，信任的价值已经开始凸显。建立在"老铁"之上的信任关系，是直播带货模式兴起的源头。然而，没有机制约束的信任是脆弱的，无论假货事件出现与否，直播带货客单价的上限都将受到约束。在产业互联网中，企业之间的交易量级将远超消费领域，因此建立一个切实可信的共识环境尤为重要。如果说消费互联网时代致力于通过快速传递消除信息不对称，那么产业互联网时代则是通过追根溯源确保信息真实性。倘若每个市场参与者能在自动化技术支持的共识机制下建立起信任关系，社会整体效率将大幅提高，数字经济赋能实体经济的"量价齐升"时代也将到来。

四、元宇宙：数字经济进化的终极形态

自从脸书宣布要在五年内转型成为一家元宇宙公司，互联网大厂和投资基金的热情被引燃，"元宇宙"一夜之间成为2021年的投资界最热词语。本小节将解答四个方面的问题：第一，元宇宙究竟是什么？集合先进技术于一体的它是不是缝合怪？第二，这头缝合怪的灵魂是什么？第三，缝合怪应该如何缝合、由谁缝合？第四，在终极形态出现之前，我们将可能经历哪些阶段？

◎ 元宇宙是什么

从各种意义上看，移动互联网都像是现实世界虚拟化的半成品，人类参与其中的很多方式是非自然的：我们购买的数字商品只能在开发者规定的场景下使用，我们的社交方式是向服务器发送请求集中处理而非直接一对一，我们鲜少为使用的数字服务付费却不知情地出卖了信息价值作为补偿。

元宇宙将有望改变上述种种非自然语境，以永续性、高度可互操作性以及完整经济系统为主要特征，塑造不受巨头控制、任何人都能参与并体现价值的平行虚拟世界，全面唤醒数字经济的增长潜力。元宇宙的灵魂也恰在于此，以现实世界的高度数字仿真赋予每个人对于人生的主宰感，克服人类最深层对于自身"存在"的恐惧，进而超脱其外，指导真实世界的发展轨迹。值得深思的是，现有技术与处境似乎无法解决元宇宙如何缝合、由谁缝合的问题。虽然区块链技术能通过激励机制大规模地限制违规操作、促成业务创新，但机制本身仍需要由中心化的人来设计。在没有更高阶的技术出现之前，元宇宙的去中心化程度、匿名性乃至可互操作性的边界都可能长久无法确定，从而使其定格在一个乌托邦理想。最终，我们仍要寄希望于基础科学的底层突破，让元宇宙从理想走进现实，真正落地为有灵魂的缝合怪。

元宇宙是一头巨型缝合怪。就像我们不能简单地把智能手机、4G网络、电商或者短视频称为"移动互联网"一样，元宇宙也不是虚拟现实（VR）、用户生产内容（user generated content，简称UGC）平台或者人工智能。单纯地把元宇宙理解为一个虚拟世界或4D游戏是片面的，元宇宙并非现存任何一种互联网的表达方式，而是不计其数的技术与理念混合而成的经济系统。在当前人类的技术认知范围之内，风投家马修·鲍尔撰文定义了元宇宙的八层缝合部分（如图3-4所示），有助于我们识别各类关键技术的定位与作用。

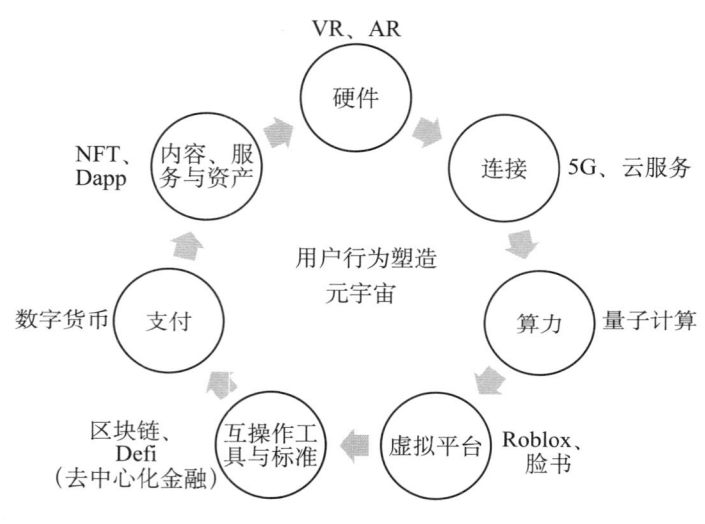

图 3-4 元宇宙要素

资料来源：马修·鲍尔，ICBCI Research。

第一层是硬件（hardware）。元宇宙理论上不应有硬件限制，任何设备都可以兼容接入元宇宙。但元宇宙作为物理世界的数字孪生物，旨在最大程度地以数字形式模拟现实生活，因而更自然的参与方式是演化方向，虚拟现实（VR）头戴式设备和增强现实（AR）眼镜是提升用户体验的重要途径。

第二层是连接（networking）。元宇宙承载的数据量级将大幅增加。为了支持更顺畅的网络体验，元宇宙需要重点突破带宽、延迟以及可靠性，在此领域 5G 和云服务的发展尤为关键。

第三层是算力（compute）。面向人工智能、数据同步、动态捕捉等多维功能，以量子计算为代表的算力突破不可或缺。

第四层是虚拟平台（virtual platform）。元宇宙注重提供沉浸式的体验，让消费者和企业能够在三维数字世界中拓展、创造、社交以及参与各种堪比线下真实体验的活动。不过，与当前的平台经济不同，元宇宙为创造者经济提供有效的利益回馈方式，而非由平台攫取大部分利润。

第五层是互操作工具与标准（interchange tools and standards）。这些工具与标准将支持消费者和企业携带虚拟形象和数字商品在不同体验之间无缝迁移，也是区别于移动互联网的核心所在。

第六层是支付（payment）。在物理世界中，现金支付的交易成本接近于0；而在虚拟世界中，媒介往往会收取高额的手续费。现存支付方式总是需要在快速、便宜、灵活、安全和可拓展性之间权衡取舍，而数字货币有望借助区块链技术实现金融脱媒，以可编程性优化支付流程与互操作性。

第七层是元宇宙内容、服务与资产（metaverse content, services, and assets）。作为元宇宙最顶层靠近用户的应用部分，数字内容、服务和资产或将借助底层技术的突破展现出新的生命力，例如虚拟影院、XR主题公园、AI影像，乃至沉浸式在线教育逐渐普及。伴随人们在虚拟世界投入的时间与金钱的增加，新的职业形态也将诞生。

第八层是用户行为（user behaviors）。用户行为的变化将会塑造整个元宇宙的形成路径与精神内核，产生深远的社会影响。

◎ 元宇宙的灵魂是什么

元宇宙的灵魂在于以对现实世界的高度仿真，克服人类对"存在"的恐惧。通过前文的分析，我们不难发现，元宇宙概念本身并非开拓性的创新，它只是以缝合的方式集成了现有及未来先进科技之精粹。虽然元宇宙是一头缝合怪，但我们认为，它并非行尸走肉。人类科技的进步最终总是被"恐惧"驱动：比特币的出现是基于对货币霸权的恐惧，区块链是基于对欺诈的恐惧，元宇宙所应对的则是人类对存在的恐惧。柏拉图提出的哲学命题"我是谁？我来自哪里？我要到哪里去？"便是人类对自身存在感最深层恐惧的体现。元宇宙的理想形态是永续存在的无延迟虚拟宇宙，人们通过在虚拟经济体中塑造自己的数字化身（Avatar），以期克服对于生命起源、出身背景乃至最终死亡的恐惧。未来人类在元宇宙中训练 AI，以自身再造探索生命如何起源；人类在元宇宙中重新设定自己的外貌和出生环境等先天条件，以公平起点参与虚拟经济体的活动；甚至人类或许能在脑机接口技术的不断催熟下实现大脑意识的永生，从而摆脱生理死亡。

由此，我们便可以看出元宇宙与现阶段移动互联网的显著区别。移动互联网的参与方式存在诸多不自然的地方，更类似于一个现实世界虚拟化的半成品；而元宇宙是现实世界的高度数字仿真，未来或许还将反过来指导现实世界的发展路径。元宇宙的灵魂具体表现出以下三个特性：

第一，永续性。个体公司会倒闭或消失，假设微信突然停止提供服务，我们在其中的好友关系和聊天记录均会随之永久消失。但元宇宙是一种永续存在的新文明，甚至超越现实物理世界的存在跨度。基于开源社区特性，元宇宙中的任何内容、应用和资产都可以转移，以另一种呈现方式延续。

第二，高度互操作性。从消费端来看，物理世界中实物商品的使用往往不受场景限制。假如人们在迪士尼乐园中购买的周边商品仅限于在园内使用，将会大幅降低商品的购买意愿。从本质上说，移动互联网就类似于上述迪士尼乐园的情形，当前所有的数字商品都割裂地存在于格式大相径庭的数据库中，并且无法实现内容交互，人们在数字世界的购买意愿由此被抑制。进入元宇宙时代，数字资产将模拟现实世界商品的特性，支持无缝地从一个地点迁移至另一个地点，以此开发数字消费的潜力。从生产端来看，现实世界中拥有税收权力的主体是政府，税收用途主要集中于公共领域建设、维护社会稳定和缩小贫富差距等。但移动互联网时代的科技公司各自为政建立闭环生态圈，以网络效应锁定流量与收割利益，成为制定规则的收租者。元宇宙以开源共享制止寻租行为，支持跨平台操作让数字生产者获取应得收益，从而激发生产端的创新与活力。

第三，完整的经济系统。在物理世界中，商品的投入与产出一一对应，货币则是价值传递的机制。但目前互联网企业的主流变现模式仍是挖掘广告价值，这意味着提供的数字服务无法直接收费，反而需要依靠附加的用户数据（未经许可或霸王条款）覆盖数字服务的成本，这种聚焦于流量变现的商业逻辑，不符合正常经济系统投入与产出相匹配的原则。元宇宙将创造一个闭环经济系统，任何与数据相关的微弱贡献均可以通过区块链技术溯源，配合原生数字货币作为激励，使整个数字世界的价值转移过程畅通无阻。显然，只有在投入产出相匹配的合理经济激励系统之中，数字经济方能释放出应有的潜力。

◎ 元宇宙如何缝合

在基础科学突破前，元宇宙如何缝合、由谁缝合可能长期找不到答案。元宇宙寄托了人们对下一代不受巨头控制、任何人都能表达与体现价值的互联网的乌托邦愿景。然而，巨型缝合怪是无法自发长成的，如何用针线缝合出理想的灵魂是一件值得探讨的技术活。

第一，互联网巨头作为既得利益者，没有理由放弃追逐利益投身于开放宇宙的建设。虽然脸书提出了元宇宙的建设目标，但本质上还是因为错过了 Web2.0 时代的商机，未能像苹果一样借硬件设备掌控 IOS 应用市场、在应用开发上攫取巨大的收租利润，因而希望通过率先突破下一代虚拟现实、增强现实技术成为新的收租者。在元宇宙中，我们期待见到的不是收租者从 A 变成 B，而是从根本上遏制收租者的权力，推动整个治理模式的改变。

第二，挑战者突围存在较高难度。趋势之下，越来越多的开源标准和可互操作性格式正在被开发，以挑战闭源协议的收租模式，但真正取而代之并非易事。这些开源标准需要为使用者提供相比闭源平台更高的收益及更好的体验，而多数现有成功平台均在研究开发、用户运维及内容管理上自成体系，形成了宽广的护城河。

第三，即使成功破局，元宇宙规则又该由谁制定？反垄断审查正在全球范围内蔓延，政府的"有形之手"或将以外力要求互联网企业开放自身体系，推动元宇宙的缝合。但不可避免地，我们最终将面临元宇宙规则制定的问题。前文提到，元宇宙需要具有高度的可互操作性，但这并不意味着无边界的可互操作是合意的，其实现程度如何界定需要讨论。类似于现实世界，元宇宙同样需要对公共领域与私人领域做出区分。例如，我们可以在公路上开车，但并不能在私家花园里开车；在美国私人可以使用枪支，但在中国私人使用枪支是违法的。此外，去中心化程度以及匿名程度同样需要考虑平衡性。虽然区块链技术通过提供合适的激励机制，能以智能方式批量限制违规操作，但是怎么制定以及如何实施的设计仍是中心化的。

眼界决定高度。当前我们对元宇宙的推测与设想只能基于已知技术，而元宇宙的最终上限仍取决于基础科学的突破和未知技术的探索。在现有条件下，元宇宙如何缝合、由谁缝合的确是落地的最大阻碍。但正如比特币的横空出世从技术上克服了人类对货币霸权的恐惧，在基础科学的升维突破之后，元宇宙的实现或许也将不再停留在乌托邦理想，而是真正成长为一个有灵魂的缝合怪。

◎ 元宇宙的发展阶段

以现有人类的科技水平为标准,要实现类似于《头号玩家》中的绿洲,算力等底层技术的突破至少还需要十年。但这并不意味着,元宇宙的实质性推动将面临十年的停滞。元宇宙之所以令人振奋,就是因为它让我们看到这些前沿的硬软件技术有了用武之地,并探讨了技术改变世界的多种可能性。因此,分阶段地理性看待元宇宙的演进趋势是必要的,不同技术的投资回报率以及投资回报周期也会由此呈现阶段性差异。

基于我们目前的理解,元宇宙的演进可能会经历以下三个阶段。但需要强调的是,元宇宙阶段的演进与元宇宙概念本身的存续仍然存在巨大的不确定性。我们应密切关注基础科学和底层技术的演进以及互联网监管的发展趋势。

第一阶段(1～5年):虚实结合。在元宇宙的初级阶段,现有物理世界的生产过程和需求结构尚未改变,线上与线下融合的商业模式将继续以沉浸式体验的方式加速进化。以购置衣物为例,早期我们通过在电商平台上浏览图文、评价的方式获取平面信息,买家秀与卖家秀成为调侃话题;如今短视频以及直播带货成为风潮,立体化、互动式呈现衣物在不同模特身上的效果,一定程度减少了信息的偏误;未来在增强现实和虚拟现实技术的加持之下,我们有望直接看到衣物在自己身上呈现的视觉效果，从而做出更合理的购买决策。所谓"耳听为虚，眼见为实"，从表面上看，沉浸感是一种丰富感官体验的形式；而从内核上分析，沉浸式体验其实秉承着和区块链类似的属性，即充分获取尽可能多的真实有用的信息，以此促进虚拟体验与现实世界的交互。由此可见，这一阶段的关键领域在于沉浸式体验的工具以及具有品牌合作能力的 O2O 龙头，目前多元化业务傍身的互联网龙头企业仍是主要受益对象。而随着增强现实、虚拟现实进入商用阶段，消费级产品的普及也将带给整个产业链广泛的机遇。

第二阶段（5~20 年）：虚实相生。数字化技术不仅使虚拟世界变得更真实，还将改造物理世界的生产过程。Mob 研究院的数据显示，截至 2020 年 12 月，受疫情影响，全年人均每天使用手机时长达到了 5.72 小时，除去睡觉时间（假设 8 小时），大约占全天时间的 36%。我们预测在第二阶段人们在虚拟空间的时间占比有望上升至 60%。一方面，人工智能、大数据、工业智能化等先进技术极大地提升了生产效率，现实世界的劳动力需求锐减；另一方面，虚拟世界的内涵不断丰富，不仅是娱乐，我们的工作生活也逐步向元宇宙迁移。人工智能、仿生人、基础引擎等相关业务将正式进入商用变现阶段。

第三阶段（20 年以上）：虚即是实。元宇宙的终极形态是人类永生，即人类借助脑机接口的交互技术上传整个大脑到虚拟空间，彻底摆脱物理躯壳的束缚。届时，人类在虚拟空间的时间占比可能接近 100%，而人类的生理需求也将不断降低，取而代之的是完整的精神意识。在这一状态下，目前物理世界关于衣食住行的生产可能将完全失去意义，元宇宙甚至不需要再在虚拟世界模拟现实的种种，而是直接向人类神经元提供具有相应效果的感官刺激，但这也必将面临道德伦理的重审。在"脱碳入硅"的过程中，人类或许最终能在技术突破下克服对自身存在的恐惧，进化为更高维的生命体。

第四章
适配于数字经济的数字货币

货币的使用大大地加速了社会的进步。

——杜尔哥

第四章 适配于数字经济的数字货币

人类社会正经历从物理世界进入数字世界的关键转型期。虽然人们的生产和消费习惯逐渐被数字技术改造，但是数字经济并非单纯的产业革命，植根于传统经济模式的旧秩序、旧思想与旧阶层尚不能完全适应数字世界的价值创造方式。传统货币体系的水土不服便是其中一个重要侧面。区块链技术改造传统产业，衍生出大量原生可追溯的数字资产，却并没有相应的货币来与之对接和交换。因此，无论是比特币还是央行数字货币，数字货币的核心存在意义都是一样的，那就是弥补旧货币体系与新数字经济的脱节。本章将首先介绍数字货币的发展历程，从数字货币的定义出发介绍现存的数字货币种类。其次，回顾货币与经济共同演进的历史，分析货币作为上层建筑在经济变革中所起的作用。最后，我们将具体落实到数字货币适配于数字经济的细节。一方面，数字货币要保留货币的基本属性；另一方面，数字货币需要带动金融体系的深层转变，促进数字经济生产力的释放。

一、什么是数字货币

◎ 数字货币的起源

中本聪于2018年发表了题为《比特币：一种点对点的电子现金系统》的论文，论述了一种可以不经过第三方金融机构登记便可以直接实现电子付款的系统，其中提及的主要技术（比如工作量证明、哈希算法和时间戳）构成了今天区块链的基础，而这种被用于支付转账的货币就是我们所熟知的比特币。2009年1月3日，第一枚比特币横空出世，中本聪在创世区块中写下"当时正是英国财政大臣第二次出手纾解银行危机之时"。虽然比特币的合规性至今仍然饱受质疑，比特币是否符合真正意义上的货币特性也并无定论，但不可否认的是，比特币拉开了数字货币的序幕，也随之划时代地开启了整个世界对数字货币的想象。它的创新设计包含了对数字经济时代下货币价值与货币形态的重新审视，对央行数字货币和其他类型的数字货币都有着不可磨灭的启发意义。

事实上，比特币并不是人类对数字货币的第一次探索。与其说它是中本聪天才般的突发奇想，倒不如说它是中本聪站在无数巨人的肩膀上探索得到的。早在 1989 年，美国计算机科学家戴维·查姆就创建了第一个名为 DigiCash 的数字货币。在此后的十余年间，也陆续出现过若干其他数字货币，比如 Mondex、CyberCash、E-gold、HashCash 等。虽然这些数字货币最终都未能成功走向世界，但是它们留下了宝贵的技术遗产，比如工作量证明、非对称加密、点对点技术以及哈希算法等，而这些恰恰构成了比特币的关键要素。

◎ 五花八门的数字货币

在比特币问世之后的十余年间，私营部门顺势推出各式各样的加密货币（往往也被称为"山寨币"），公有部门组织发行的央行数字货币也逐渐进入大众视野，数字货币的概念由此逐渐拓宽。在此，我们将以电子形式发行并且具有潜在价值保证的货币及资产统称为"数字货币"，并且从两个维度对现存数字货币进行分类（如图 4-1 所示）。第一个维度是数字货币由私人部门还是公有部门发行。事实上，除央行主导研发的央行数字货币（CBDC）之外，其他目前已知的数字货币均由私人机构发行。第二个维度则是数字货币的资产属性更强还是货币属性更强。

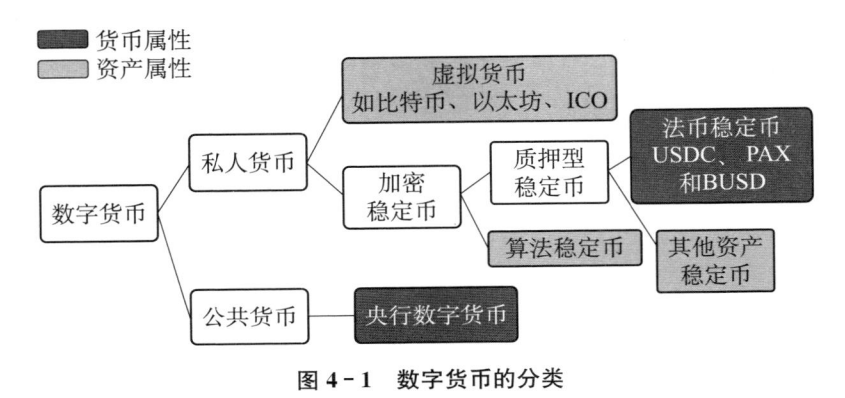

118　数字经济与数字货币：人民币的新角色

图 4-1　数字货币的分类

资料来源：ICBCI Research。

首先是以我们所熟知的比特币、以太坊为代表的虚拟货币，它们以内在特有机制创造价值，币值波动剧烈，属于有风险的投机性投资。我们比较容易理解以太坊、狗狗币等虚拟货币的资产属性更强，但比特币是资产还是货币一直以来没有定论，尤其前文我们还提到，比特币自身强调"电子现金"的属性，因此在这里适当做一些展开的探讨。

比特币的波动性与交易速度常为人诟病，但这并不是其难以成为通用货币的实质障碍。第一，高波动性相对美元而言，而非指向实物购买力。比特币的波动性往往是指相对于美元价格的波动，2021 年比特币价格波动区间在 28 000～66 000 美元，已经远超一种正常货币币值的波动范围。但是，我们判断货币波动性的最直接依据应该是实物购买力的变化，而现实中以比特币直接计价的物品非常稀少。如果从比特币的视角来看，反而可能是传统法币的波动性巨大。第二，不理想的交易速度只是技术问题。我们会在第五章中详细阐释比特币的技术原理，这里只需要知道，在区块容量限制下，比特币的交易速度是 7 笔/秒，同时在交易后还需要大约 1 个小时确认。一方面，虽然 7 笔/秒的速度无法应付日常高频交易的需求，但如果转换到动辄耗时两三天的跨境支付场景，类似交易速度已经代表质的突破。另一方面，"闪电网络"是广泛使用的提速解决方案，将大量高频链上交易转移到链下进行，而只将最终结果到链上确认。理论上，"闪电网络"的每秒事务处理量（TPS）并没有上限，百万级别的交易都可以即时处理。

比特币难以成为通用货币的真正决定性因素，还要回归其背后的经济主义。第一是小众。比特币天然就不是面向普罗大众的。我们如果丢失了银行卡或者忘记密码，可以通过向银行出示身份证进行补办和找回密码。而比特币为了保证稀缺性和自治性，不存在类似银行的中介来记录使用者的密码信息，比特币持有者必须牢牢掌管好自己的私钥（256 位的二进制数字），一旦丢失私钥，便再无寻回资产的可能。此外，比特币的持有者还必须充分了解交易地址与私钥之间的对应关系，以防止被智能生成的钱包软件欺骗。当前比较简易的方式是让数字货币交易所代持比特币，但这仍然需要公众信任交易所，丧失了比特币去中心化的根本意义。第二是通缩。比特币的数量上限是 2 100 万枚，现时存在外界法币与之兑换，比特币通过分割最小单位能够实现对内通缩、对外通胀的效果。但如果比特币果真成为经济活动使用的主流货币，法币退出历史舞台，那么比特币的通缩螺旋将无法避免，即人们都只愿意囤积比特币而加剧经济下滑的势头。与此同时，这种稀缺性却强化资产属性，使其定位更趋近于数字世界的黄金。虽然黄金早已不再承担支付的货币职能，但在通胀来临时，黄金的物理稀缺性总是使其被视为保值资产，这也有助于我们重审比特币的价值。就现阶段而言，比特币在提供基于数学共识上的稀缺性之余，消除了黄金不易分割、不易识别真伪和携带不便等缺陷，在避险属性上的确比黄金表现得更为优秀。

其次是具有锚定物的稳定币。顾名思义，稳定币通过寻找稳定的价值基础改善虚拟货币币值波动过大的缺陷。而根据价值基础的不同，稳定币又分为三类。第一类是锚定法币的稳定币，也是目前最主流的稳定币，诸如泰达币（USDT）、USDC 和 Diem（前身是 Libra）。它们与美元 1∶1 兑换，始终保持币值的稳定，不过彼此之间存在细微差异。USDT 是现阶段全球市占率最高的美元稳定币，由 Tether 发行且不受监管。从其披露的底层资产报告来看，商业票据等短期债务证券的占比近 50%，性质类似于货币基金。而 USDC 和 PAXOS 等受监管的美元稳定币储备资产主要构成则为现金等价物，更接近于传统意义上的货币。第二类稳定币锚定其他资产，包含存贷款、债券、股票、大宗商品和加密资产等。第三类算法稳定币，其创新性更强，不以任何资产为抵押，通过增发、通缩、债券、分红等算法工具来调节供需关系，以期实现币值稳定。但目前来看，"价值稳定"这一核心功能并未完全实现。由此可见，法币稳定币偏向货币属性，而锚定其他资产的稳定币以及算法稳定币的资产属性更强。

最后一类由公有部门发行的数字货币称为"央行数字货币"，具有纯正的货币属性。一般来说，央行数字货币由存款准备金或者现金1∶1兑换，价值支撑是国家信用。中国人民银行研发的数字人民币（E-CNY）是当前世界上技术相对领先的央行数字货币，主要功能是替代现金。

二、为什么是数字货币

◎ 货币与经济的关系

回顾货币的演进历史，我们就会发现货币形态与经济发展之间存在千丝万缕的关系。毫不夸张地说，货币史就是经济史的缩影。最早开始使用货币的时期还要追溯到新石器时代，当时人们使用贝壳作为货币。此外，食盐、宝石、沙金等不容易获取的物品都曾被作为货币使用过。在原始社会，人们往往使用以物易物的方式，交换自己所需的物资，例如用一袋米换一头猪。但由于用于交换的物资种类受到客观限制，交易双方的需求一般不会恰好匹配。由此，实物货币作为一种媒介出现，破除了"以物易物"的局限性，降低了生产交换的成本。另外，由于人类无法信任彼此，因而实物货币需要具有公认的稀缺性来支持它的内在价值。

农耕文明时期，人类的活动范围相对较小，贝壳和食盐这些货币已经能够支持基本的经济生态。但它们也有缺陷，如没有统一的单位，难以方便地确定和统一地表示物价和兑换比率，对经济和专业化分工的发展造成了巨大的障碍。随着越来越多的英国金币和银币流向北美，整齐划一的金属货币能够让人方便地统一定价，于是金银币取代旧有货币，成为新的被广泛接受的货币形式。健全的货币系统为创造更大的市场打下基础，增加专业分工的同时促进全球贸易。

伴随着全球一体化进程的加速，作为当时技术条件最好的货币的金属货币，也开始暴露出新的缺点。第一，在大额交易中需要使用大量的金属硬币，其重量和体积都令人感到烦恼。第二，金属货币使用中还会出现磨损的问题，金属货币不足的情况越来越显著。于是，到了19世纪，由于现代银行业与通信技术的进步，人们开始普遍使用以黄金为担保的纸币进行交易。世界上最早的纸币是在宋朝出现于中国四川地区的交子，起初交子是金银的收据，但之后政府控制了它的发行，不断增加货币的印刷量，导致其最终崩溃。金本位制的确立赋予了纸币新的生命力，它把全球重要的经济体结合在一起，随之带来了空前的全球资本积累和贸易。工业革命急剧催化了英国在社会、科技方面的发展，让英国成为无可争辩的经济强权国家，英镑随之成为建立在金本位制上的世界货币。

进入20世纪，两次世界大战重建了全球的经济秩序，也带来了全新的政府货币时代。第一次世界大战前，全球经济发展处于极度不均衡的状态。英国垄断了原材料市场，当时的印度、澳大利亚甚至整个世界 1/4 的人口都在大英帝国殖民地贸易体系之内。美国则有一个庞大的内需市场，实行贸易保护主义。当时，德国和日本因国内市场狭小而无法发展，最终选择扩张。为了建立自由贸易的开放市场，重新分配国家力量，世界大战由此开启，货币体系也随之发生变更。战争爆发时，主要交战国都暂停了纸币和黄金的可兑换关系，政府开始增发货币来持续获得支持战争的资金，金本位制名存实亡。第二次世界大战后，布雷顿森林体系建立，美国成为全球货币体系的中心，美元成为其他中央银行的储备货币，美元则以固定汇率兑换黄金。为构建这一体系，其他国家央行需要将自己储备的黄金运到美国。然而，在布雷顿森林体系之下，政府充斥着凯恩斯经济主义者，认为政府天生要实施积极的财政政策和货币政策，政府始终将扩大支出作为刺激总需求的重要手段。结果就是，通货膨胀与美元购买力的下行让美国的黄金储备开始出现短缺。1971 年，尼克松宣布美元与黄金正式脱钩，布雷顿森林体系最终崩溃。1976 年，国际社会间达成了以浮动汇率合法化、黄金的非货币化等为主要内容的"牙买加协定"，世界经济最终完成了由金本位向以政府发行的几种货币为本位的转变，而美元作为国际储备货币的地位一直延续至今。

◎ 信用货币与数字经济脱节

通过货币发展的历史我们不难发现，货币总是在适应经济结构和经济形态的变化。如今,随着数字经济大时代的来临,以美元本位制为基础的国际信用货币体系似乎也开始变得无法满足经济发展的需要。

第一,数字鸿沟加剧。当前贸易的方式逐步多样化。除了传统的商品贸易,在互联网上购买零售数字服务也成为一种普遍诉求。但是,依赖于传统银行账户体系的跨境支付方式并不具有普惠性。根据 Libra 白皮书的描述,全球目前有 17 亿人没有银行账户,约占全球总人口的 21%。因而在全球数字化进程中,支付不适配成为信息落差持续扩大的一个因素,数字创新能力进一步两极分化。

第二,当前货币智能化缺失。互联网通过连接大大提升了人们工作和生活的效率,一系列的数字资产也随之诞生,比如流媒体音乐、数字艺术品和数字化订单等。与传统的实物资产不同,这些数字资产往往具有容易复制、流转加快以及难以溯源的特征,而电子形式的信用货币仅能起到支付的作用,无法与数字资产实现识别和交互。人们使用传统货币购买盗版数字资产的意愿很低,数字资产的创新发展也由此受到限制。随着 Web3.0 时代的到来,数字资产借助区块链技术获得唯一标记,具有智能化可编程属性的数字货币能够与之耦合;数字货币的使用将同时激发数字资产创作者的创新动力和消费者的购买意愿。

第三,当前货币无法提供匿名性。在工业革命时代,用纸币交易货物具有较高的匿名性,但纸币的缺点同样显而易见:

只适用于面对面交易，而且存在假钞风险。电子化的信用货币能够在一定程度解决上述问题，但也因为需要中介机构来确认交易的发生而丧失了匿名性。在数字经济时代，数据就如同煤炭和石油一般重要。如果每个人的交易数据都被中介机构控制，那么中介机构的权力将被无限放大；这不仅阻碍数字经济进一步的突破发展，而且会引发更为严重的社会伦理问题。从这一角度看，信用货币也亟待革新。

◎ 数字货币的升维征途

旧有体系"去美元化"效果甚微，数字货币开启升维征途。针对上述问题，许多国家从改造金融基础设施入手，开始了"去美元化"的反击。比如，俄罗斯在2014年推出SPFS（俄罗斯央行金融信息传输系统），中国在2015年推出CIPS（人民币跨境支付系统），欧盟推出INSTEX（贸易互换支持工具），均旨在建立自主可控的跨境支付渠道，从而绕开美元结算的支付必经之路。但根据SWIFT的统计，美元在国际支付（除欧元区内部交易）中的使用比例仍超过四成。简单做一下对比，就会更一目了然：2021年4月，SWIFT系统日均处理4 240万笔报文。而2020年整年中国的CIPS处理业务仅为220万笔，日均处理业务8 855笔，与SWIFT的处理规模相差甚远。

由此可见，一个国家要在旧有货币体系中寻求超越，效果甚微。数字货币的出现成为一个关键的转折点，它作为一个新位面的竞争者，正在带来全球货币的大洗牌，即便是美元也无法忽视这股趋势的力量。2021年，美国监管部门针对稳定币、加密货币和数字美元等新型数字货币展开了诸多讨论，并详细制定了针对稳定币的监管框架，这从侧面证明了美元也需要做出变革以适应数字经济时代的需求。而在这一过程中，所有国家和货币有望站在同一起跑线上，凭借技术与理念优势颠覆既有货币格局。

三、数字货币与数字经济深度耦合

◎ 技术领先不是评价数字货币的唯一指标

很多人会把数字货币视作一种新的高科技产品，这主要是由于数字货币的代表比特币牵扯到类似"哈希函数""工作量证明"等高度专业的名词。但如果我们从经济学的视角来看，情况或许会有所不同，评价一种好的数字货币的标准需要看它与现有经济模式的适配程度。因此，真正的数字货币之争，核心往往不在货币本身的技术优越性，而在与未来数字经济发展模式的深度融合。由私人部门发行的数字货币鱼龙混杂，其中不乏技术领先和机制完善的加密货币，也有诸如狗狗币、柴犬币等既没有技术创新也没有实际价值支撑的空气币。时至今日，像比特币和以太坊这样较为成熟稳定的加密货币仍在探索新的技术创新。2021年8月，以太坊迎来了自己的第十一次硬分叉——"伦敦升级"。所谓"硬分叉"可以简单地理解为更改原始代码，此次升级意在优化提升以太坊的网络性能，减少网络拥堵。比特币的协议则迎来了名为 Taproot 的软分叉，目的是解锁比特币的更多功能。

　　值得我们思考的一个问题是：技术越先进的数字货币就一定越好吗？毫无疑问，中国人民银行研发的数字人民币在全球的央行数字货币中技术领先，但相比于极客们无时无刻不渴望更新升级的那些私人数字货币，数字人民币甚至没有采用区块链或者分布式账本的技术，它更看重技术的稳定性，而非迭代性。诚然，人类的确希望找到技术领先的数字货币，但我们也需要认识到，单纯追求技术升级并不一定可取。过去一段时间，相比比特币能够支持更多功能、达到更快速度的数字货币已经纷纷涌现，但它们始终无法取代比特币的地位。这其中的关键原因在于，数字货币有着更重要的使命，那就是与数字经济发展模式的深度耦合，当然也包括现实国情的考虑，如在现有基础上能否实现大面积的铺开与推广。我们会在本书的最后一章详细地讨论未来数字经济与数字货币世界的生物多样性。由于国家及意识形态的多样性将长期存在，数字经济的发展路径也可预见地不会在全球范围内完全统一，而数字货币的设计需要根据数字经济发展范式的不同做出调整。此处我们将先探讨数字货币的共性。

◎ **数字货币需要保留货币的职能**

在漫长的历史长河中，货币形态发生了巨大改变，但货币的基本属性一直是互通的。因此，数字货币作为数字经济时代的新货币形态，也需要保留基本的属性。根据学理，在发达的商品经济条件下，货币具有价值尺度、流通手段、贮藏手段、支付手段和世界货币五大职能。我们认为，在未来数字经济的运行体系中，新一代国际货币仍需满足上述特性，但与此同时会加强与数字经济发展模式的融合，从而发挥出数字经济的增长潜能。数字货币由于采用电子支付方式，便于以数字形式在世界范围内广泛使用，因此本身设计已经满足世界货币这一职能要求。

第一，作为价值尺度，衡量商品的价值。价值尺度是货币最重要、最基本的职能。为了用货币来衡量商品价值量的大小，必须给货币本身确定一种计量单位。实现这一职能的关键在于，货币需要同质化。贝壳和石头等早期实物货币品质不一，难以等质切割，加大了对商品价值的计量难度。而黄金以盎司为单位，人民币以元为单位，能够直接对商品进行标价，较好地行使了价值尺度的功能。对于数字货币来说，由于其本身以虚拟形式存在，同质化切割的难度进一步降低，甚至能够借助数字技术更精确地切割到更小的单位。比如，比特币的最小单位被称为"聪"，一个比特币为一亿个（100 000 000）个聪。在可预见的未来，如果情势所需，比特币可以进一步分割成1 000亿个单位。央行数字货币也是类似的，至少能够实现当前法定货币的精度（技术上的精度可以继续提高，但在实际操作上可能并没有必要）。

第二，作为流通手段，串联数据要素的流动。流通手段指的是货币作为商品交换的媒介，能够使得商品的让渡和货币的让渡在同一时间内完成，通俗地说是"一手交钱，一手交货"。无论是实物货币还是信用货币，它们都是物理上真实存在的，所以货币与商品的流通是自然而然的。但对于并无实体存在的数字货币而言，则面临两个方面的挑战：第一，当我们发生实物商品的交换时，如果采用数字货币支付，需要实时到账；第二，数字经济带来了新的线上商品和服务，在数据要素（非实物）流动时，数字货币也需要发挥串联对接的作用。

数字人民币虽然在现阶段侧重于对纸币的替代，但在中长期将并不限于用于实体商品与线下资产的购买。其内嵌的智能合约，除了在宏观调控上具有精准滴灌的效果，也将在微观层面发力，成为数据要素交换的媒介。倘若深入剖析比特币、以太坊的作用原理，不难发现，代币便是一种串联数据流动的工具。社区中的贡献者通过区块链技术确认最终产权归属，并依据智能合约获得链上的代币作为奖励。这种激励机制，较好地弥补了传统互联网的缺陷，使创作者免于版权之争，能够全数获得其所做贡献应得的奖励，从而激发大量创新。然而，比特币、以太坊等加密货币价值波动过大，用户仍以小部分极客为主，价值挖掘相对有限。相较之下，数字人民币具有法偿性，且币值稳定，若能与数据要素相串联，将建立数字经济世界的全新交换体系，促成数字经济创新源泉的井喷。

第三，作为贮藏手段，对接数字资产的定价。贮藏手段指的是货币退出流通领域，作为社会财富的一般代表被保存起来的职能。历史记录显示，在全世界很多地方广泛使用的贝壳通常是那些更稀有和更难找到的。因为相比容易找到的贝壳，这样的贝壳能够更好地储存价值。到了信用货币时代，稳定物价是中央银行货币政策的首要目标，而物价稳定的实质就是币值的稳定。在 1920 年代初，德国的物价曾经每 49 小时增加 1 倍；1940 年代初，希腊被德国占领时，物价每 28 小时上升 1 倍；匈牙利在战后的物价曾每 15 小时增加 1 倍。这种极端例子一般出现在战事发生时，但近数十年亦时有出现。比如，委内瑞拉多年来倍受经济衰退和通货膨胀打击，2020 年通胀率接近 3 000％，2019 年更超过 9 500％。在币值无法稳定的情形下，公众的实物购买力无法保证，人们很可能加快将本国货币兑换成其他安全性更强的货币，形成当地货币贬值和物价暴涨的恶性循环。因此，数字货币如果要成为通用货币，必须要有稳定的价值基础。

此外，在数据要素的加持下，经济参与主体将实现普遍的数字化转型，届时大量的数字资产将会产生，而区块链技术将成为合理运用数字资产的关键。传统的互联网经济存在产权界定、寻租现象等问题，导致数字资产形成后需要大量的法律监管保障，从而阻碍了数字资产的生产与流通。区块链技术的核心是确认每笔交易真实可信,因此上链后的数字资产将完全原生可追溯,从技术上保障了数字资产的真实性。而搭载智能合约的数字货币则是与数字资产交换、对数字资产定价的优选。比如,在智能合约下,数字化的商贸订单可与数字货币转换,两者双向全程留痕,订单由此获得实时的价值确认。

第四,作为支付手段,发挥数字支付的潜能。区别于流通手段的"一手交钱,一手交货",支付手段则是指货币用于清偿债务,支付赋税、租金、工资等职能。不同时间的财富使用权对不同人具有不同效用。对年轻人而言,同样数量的财富现在使用比将来使用更有价值;而对中年快退休的人群而言,将财富留到将来使用则比现在使用更有价值。因此,货币借贷的金融跨期配置有利于使效用最大化。在信用货币时代,通过借贷进行货币创造的金融系统已经非常成熟。当我们使用数字货币时,同样也需要围绕数字货币本身展开一系列金融活动,增强货币提升经济效率的作用。目前,加密货币交易所将数字资产作为抵押物筹款,变相实行数字货币的借贷行为,但由于借贷获得的数字货币大多不能用于购买实物资产,而只能用于增加金融杠杆,对经济效率的提升作用有限,反而加大了金融系统的潜在风险。相比之下,央行数字货币则严格区分于商业银行体系中的信用货币,虽然它一般不计付利息,不参与信用创造,但它一方面将和电子存款互为补充,另一方面还能够借助数字化手段实现精准滴灌、跨期交付等多种可拓展的功能。有关数字支付的具体潜能,我们还将在后续章节中详细讨论。

◎ **资本市场的未来：从股份制经济到通证经济**

在第三章中，我们提到数字经济要从 Web2.0 时代加速向 Web3.0 时代转变。作为金融服务实体经济的表率，资本市场建设也需要适应于价值函数重构带来的变化。

当前资本市场是以传统股份制经济为主导的，也就是说，法人或者自然人通过持股来分享公司的相应收益是比较常见的选择。但这种选择是否能适应新的数字经济时代呢？答案可能是否定的。数据作为一种新的生产要素，它的价值并没有被当下国际会计准则下的资产负债表所记录，构成了实际价值与计算价值的偏离。同时，在股份制经济下，大量的剩余价值都被资本攫取，公司往往由于过于追求股东利益最大化而做出短视行为，反而耽误了公司的可持续发展前景。

在美剧《硅谷》中有一个桥段：一群创业青年拒绝了大公司极具吸引力的收购邀约，反而选择了一个风投公司的小额投资。要知道，如果能够被收购，这群青年将可能直接获取大量财产，甚至实现财富自由。但他们并没有，理由是风投公司承诺只获取很小的股份比例，而将公司的主要管理权仍然交给这群怀揣着构建伟大公司理想的青年，同时为他们提供专业的公司规划建议。因此，对创业者而言，资本也许并不是万能的，其他的生产要素同样有不可替代的价值。

相较传统股份制经济偏向认证资本的价值创造，以数字货币为价值管理工具、区块链为溯源核算技术的通证经济将从根本上改变价值分配方式,科学计量并发放数据、劳动力和资本等多重生产要素应获得的收益,以此激励价值发现与再创造,将经济增长与人的价值最大化目标合二为一。目前市场上最符合通证经济的合规融资方式是证券型通证发行(security token offering,简称 STO),但由于现有 STO 只能将虚拟货币作为生态激励,存在不可控的欺诈与犯罪风险,因而迟迟难以取得进展。随着正规军央行数字货币的补位,我们认为,通证经济有望借机获得跨越式发展,以合法合规为前提融合两大重点赛道,在完善多层次资本市场建设的同时,促进数字经济生产力的释放。

数字经济时代价值函数重构,数据以其非排他性打破企业边界,背后资本的无序扩张随之而来,权力越界引发更严重的代理问题。当价值函数重构引发市场失灵时,我们需要开始考虑底层机制的重新设计。通证经济聚焦于变革价值分配方式,它使公司从根本上改变资本的绝对主导性,进化为资本、劳动力、数据等各要素融合的新组织(如图 4-2 所示)。通证(token)这一概念最早提出,伴随着以区块链为核心技术支持的比特币、以太坊等虚拟货币出现。但我们认为,虚拟货币只是通证的外在实现形式,通证的核心本质在于其改变组织关系、认证要素价值的过程。通证是一种数字化的价值凭证,不仅能以区块链技术全程追溯数据的流转,还能通过自动化合约管理核算数据的价值,并将应得收入发放至每个人的分布式账户之中。因此,通证不是一种简单的融资工具,它打破了企业与用户、员工、投资人的隔离，对每一种基于数据、资本、劳动力的贡献行为做出适当的激励。从公平角度来说，通证的灵活分割性赋予更多市场参与者公平投资的机会。而从效率角度来说，通证同样是发挥企业与用户共向合力的关键，以自动化流程快速检验企业决策的有效性，以及时调整公司战略。

股份制经济：资本一元化　　通证经济：要素多元化

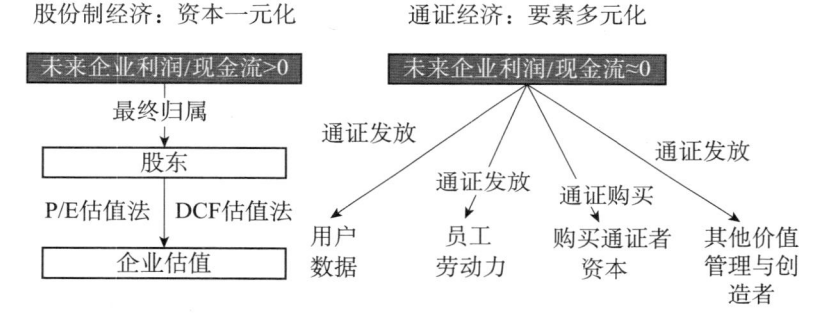

```
未来企业利润/现金流>0          未来企业利润/现金流≈0
         │                    ┌────┬────┬────┐
      最终归属              通证发放 │    │  通证发放
         ▼                    ▼  通证发放 通证购买 ▼
        股东                 用户  │    │    其他价值
   P/E估值法 DCF估值法        数据  员工  购买通证者 管理与创
         ▼                        劳动力  资本    造者
       企业估值
```

图 4-2　股份制经济与通证经济

资料来源：ICBCI Research。

通证经济同时还将改变传统公司金融的估值模型。无论是基于市盈率、市净率和市销率的相对估值法，还是自由现金流折算的绝对估值法，传统估值体系均依赖于对企业未来自由现金流和盈利的预测。而对通证经济而言，企业生态内的用户和员工均是投资者，共享生态创造的价值（现金流返还通证持有者），因而可能出现持续的零自由现金流企业，但其通证价值并不为0。通证创造了一种新的交易估值方式——用户定价。当一家企业初始发行通证时，通证与企业权益绑定在一起，用户在购买或交易通证时即给企业定价。

通证与互联网企业现有的股权激励最大的区别在于，它不是标准化的，不依靠纸面法律和合同来实现，而是根据设定好的协议自动执行价值的管理与核算。最早的通证经济融资模式是首次代币发行（initial coin offering，简称ICO）。项目方通过直接向公众无门槛发行代币（通证）融资，而随着项目成功，代币价格提升，早期投资者由此获得收益。ICO虽然属于金融创新，但是由于不设门槛、不受审查，存在极高的欺诈风险，严重损害了普通投资者的利益。2017年，中国央行联合七部委明确指出这是一种非法融资的行为，自此中国境内全面叫停ICO。

直接公开发行（direct public offering，简称DPO）和证券化代币发行（security token offering，简称STO）已经成为数字金融的两个新维度（如表4-1所示）。2020年12月，美国证券交易委员会批准纽交所DPO计划，允许企业不通过投资银行直接向投资者融资。由于在二级市场交易的仍是股份而非数字化的通证，DPO本质上不属于通证经济，但它却是标志着二级市场规则发生质变的重要里程碑，其革命性的改变在于上市首日发行价不再由承销商谈判确定，而是直接由全市场交易定价。比如，2021年在纽交所上市的沙盒游戏公司Roblox认为传统的行业估值方法并不适用于它的业务，拒绝被一般化估值，便经由DPO手段上市。当前最符合通证经济特质的合规融资方式则非STO莫属。相比ICO，合法合规是STO的重要特性，并且设有合格投资者门槛。STO的代币具有经济激励机制和功能性作用，借助区块链实现跨区域、跨交易所的高流动性，比传统证券更灵活多元。

表 4-1　　　　　　　　融资方式特征对比

	IPO	ICO	DPO	STO
定价方式	承销商协商定价	市场交易定价	市场交易定价	承销商协商/市场交易定价
中介成本	最高	低，不需要承销商	中等	较低
合规性	合规	不合规	合规	合规
地理限制	依托于单个交易所	不受限	依托于单个交易所	跨交易所跨地域
用户保护	高	低	较高	较高
生态行为激励	无	有	无	有

资料来源：ICBCI Research。

虽然 STO 的通证经济理念符合历史发展的潮流，但由于相关合规配套设施的缺乏，它当前在中国仍被界定为非法集资行为，即使在全球范围内也迟迟难以取得进展。现有 STO 只能将虚拟货币作为生态激励而没有其他替代品，同时依托于去中心化的公链（如以太坊）发行，附带不可控的欺诈与犯罪风险。

央行正规军央行数字货币的补位或将成为一个转折点。如果将央行数字货币片面地理解为信用法币的数字化，那对于数字经济时代所需的货币功能就缺乏正确的认知，如此设计的央行数字货币也不具备核心竞争力。央行数字货币最终需要适应数字经济时代的价值规律，成为管理价值、创造价值的智能货币。因此，央行数字货币的补位将是 STO 获得跨越式发展的重要机遇，以合法合规为前提融合两大重点赛道，在完善多层次资本市场建设的同时，促进数字经济生产力的释放。

第一，中国企业赴美上市不确定性增强，但中国企业成长离不开多元化的融资支持。过去中国企业热衷于去美国上市，主要因为美国坐拥开放成熟的资本市场，无论是企业估值、股权结构还是融资规模等多个层面，都更能满足众多尚未赢利的新生独角兽的需求。如今 STO 比赴美 IPO 则更上一层楼，它兼具耗时短、成本低、灵活性高的特性，是适配于数字经济时代的新型融资方式，如果能在这一时间点推出，不仅可以即时填补企业缺位的融资需求，也将推动中国企业由资本一元化向要素多元化转型，为社会公平与经济增长打开升维发展空间。

第二，数字人民币是全球领先的央行数字货币，智能合约的可拓展性使其具备较为成熟的技术条件。我们认为，通证经济的关键不在于币的种类。无论是人民币、美元还是虚拟货币，只要能满足智能可编程的特性，就可以显著区别于资本主导的股份制经济，重新定义产权与生产关系，促进生态多方协同运作。央行数字货币研究所发布的《数字人民币白皮书》明确指出，数字人民币通过加载不影响货币功能的智能合约实现可编程性，使数字人民币在确保安全与合规的前提下，可根据交易双方商定的条件、规则进行自动支付交易，促进业务模式创新。这平息了此前市场上关于数字人民币是否支持可编程性的广泛讨论，点明了数字人民币的最终目标并非信用货币的数字化，而是要走向智能的价值货币。因此，如果 STO 转而与中国的数字人民币相结合，非但不会影响其有效性，还将成为数字人民币可拓展性的重要应用。

第三，STO 市场尚处摇篮期，中国有望率先制定行业标准。美国股票市场最早萌芽于 18 世纪末，中国的上交所则成立于 1990 年，其间百余年的时间鸿沟造成了中美金融市场之间的发展先后差距。如今，2020 年末纽交所允许 DPO 以及近期中国监管矫正市场失灵的举动，均在验证数字经济时代资本市场游戏规则的顺势而变。在这一场大变革中，规则尚未成型，数字人民币如果能够与 STO 率先开创性地融合，有望掌握未来全球行业标准制定的主动权。这不仅将是通证经济迈向合规的一大步，也是传统金融迈向价值时代的一大步。

第五章

谁是数字货币时代的主角

浓绿万枝红一点,动人春色不须多。

——王安石

第五章 谁是数字货币时代的主角

随着数字经济大时代的到来,数字货币登上历史舞台已成为全球视角下的客观趋势。然而,在形形色色的数字货币中,谁又将成为主角呢?本章我们选取了三种具有代表性的数字货币进行探讨,它们分别是第一种真正意义上的数字货币比特币、脸书半路流产的超主权稳定币 Diem(原名为 Libra),以及由央行主导研发的央行数字货币(CBDC)。比特币诞生于 2008 年全球金融危机之后,向无节制的货币宽松提出抗议;2019 年,社交媒体公司脸书发布 Libra 白皮书,意在打造服务数十亿人的商业化货币体系;央行数字货币明显提速则出现在 2020 年,更多是出于各国央行适应数字变革、维护金融稳定的需求。这一章将会逐一介绍这三种数字货币采用的技术,但我们不希望读者将数字货币与先进技术简单地画上等号。我们相信,技术都是为理念服务的,了解数字货币诞生的时代背景与研发动机可能比搞清技术原理和细节更为重要,这将帮助我们对哪一种数字货币将代表历史潮流的方向做出理性判断。

一、比特币：自由意志主义的社会实验

◎ 比特币的缘起

比特币并不是突发奇想的天才灵感，而是经历了数十年沉淀的技术之和。比特币所采用的很多关键技术，例如耳熟能详的工作量证明和非对称加密，都要追溯到一个在20世纪90年代成立的名为"密码朋克"的组织。"朋克"其实是一个并不陌生的名词，我们最早见到的朋克文化起源于音乐界，它以叛逆、反抗、颠覆的姿态出现，并逐渐转化成了一种整合音乐、服装与个人意识主张的文化。20世纪八九十年代，一群对密码学货币感兴趣的"天才极客"们聚集在一起，他们的年龄、职业、种族不同，但他们有共同的身份和信仰，那就是密码朋克。密码朋克们是自由意志主义的奉行者，他们不仅不信任政府，而且不信任任何中心化的机构，他们希望在互联网时代通过密码学技术的突破来保护数据隐私。

1992年，曾任英特尔的高级科学家和电子工程师的蒂姆·梅发起了一个加密邮件列表组织。在这个邮件列表里，上千名密码学家、哲学家与数学家共同讨论在互联网时代保护个人隐私权的技术。

1993年，埃里克·休斯公开发表了《密码朋克宣言》，宣告密码朋克正式成为一项运动。其中提到"我们不能期望政府、企业或者其他大型的匿名组织保障我们的隐私……我们要用密码学、匿名电邮系统、数字签名和电子货币来保护自己的隐私"。

密码朋克组织中的很多人，在后来互联网的发展中都有着举足轻重的影响力，比如维基解密创始人阿桑奇、万维网发明者蒂姆-伯纳斯·李、BitGold和智能合约发明人尼克·绍博。

不知道从何时开始，一个化名为Satoshi Nakamoto（中本聪）的账号也悄悄订阅了这个邮件列表。2008年10月31日，这位自称日裔美籍工程师的人向邮件列表投递了一篇论文，也许当时的他并不会想到这篇论文在未来十余年间会激起如此大的波浪：暗网黑市找到了可用于托管洗钱和非法毒品交易的交易媒介；成千上万的山寨币构成了加密货币这个新的资产类别；区块链技术被单独提取出来应用于其他行业；而各国央行也开始重视与关注数字货币的发展，不甘落后地着手研发央行数字货币……这篇论文的题目是《比特币：一种点对点的电子现金系统》，也就是后来我们所熟知的比特币白皮书。

相比密码朋克们对数据隐私权的格外关注，中本聪的目光似乎并不局限于此。虽然匿名性也是比特币的重要特征之一，但比特币的定位不只是一种用于交易的货币，它更是因稀缺性被冠以"数字黄金"之称。2009年1月3日，第一枚比特币问世，创始人中本聪在区块里写道："当时正是英国财政大臣第二次出手纾解银行危机之时。"这点明了他创造比特币的最大动机。2008年次贷危机席卷全球，美联储为救市推出了一系列的量化宽松政策，比特币在此刻推出，首要目标就是为了对抗货币当局的无节制放水以及潜在的恶性通货膨胀。也正因如此，比特币的总供应量被永久设定在了2 100万枚，到2140年比特币将会被全部挖出，届时不会再有新增发的比特币，所有交易都将发生在流通的2 100万枚比特币之间。

比特币发行初期，只有很少数量的极客关注到它，中本聪本人会在论坛上对相关问题进行阐述和答复。直到2010年，维基解密创始人阿桑奇被美国政府追捕，Paypal宣布冻结维基解密的捐赠账户，阿桑奇意外发现了去中心化、抗审查的比特币，尝试将其作为新的捐赠支付通道。当比特币被一时间拉到聚光灯下时，中本聪却表现得非常忧虑，他在论坛上留言"维基解密这是捅了马蜂窝，一大群马蜂正在向我们飞过来"，自此他彻底消失在公众视野，而比特币此后便开始了势不可当的前进之路，成为21世纪以来具有革命性的一项发明。2010年5月22日，第一笔公开的比特币购买实体物品的交易，是花费1万个比特币购买了2个比萨饼。2011年2月9日，比特币价格首次突破1美元。十年后的今天，比特币的价格已达数万美元，包含密码学、分布式存储等技术的区块链则以一种极其迅速的姿态席卷全球。

◎ 比特币的原理

对于非技术背景的人们而言，比特币的一系列复杂技术原理并不容易理解。中本聪所撰写的比特币白皮书短小精悍，但信息量巨大，以普通人的视角往往只能略知皮毛。也正因如此，在比特币刚发行的数年间，只有精通技术的极客们才热衷于这项加密技术。即使时至今日，比特币因为价格不断走高被大众所熟知，真正理解比特币的技术原理及经济思维的人仍然是少数。大多数人甚至无法解答比特币最基本的一些问题，比如比特币是基于何种方式发行的，抑或矿工挖矿速度的快慢会不会影响货币发行的进程。

比特币的特殊之处在于，它完全采用一种自发组织的形式，无论是在发行还是交易的过程中，都无须一个中心化的机构来介入管理。在信用货币时代，中央银行是货币的发行者。当然，中央银行也不可以随意印钞，而是需要以一定的资产储备发钞，比较常见的就是以外汇、黄金或者美债为储备。但是，中央银行能够根据经济情况对资产负债表进行调整，在经济过热（或萧条）时期推出相应的紧缩（或刺激）政策。比如，2020年突如其来的新冠肺炎疫情打乱了经济复苏的既有轨迹，供应链断裂的风险推升了经济下行的压力。为了应对疫情，美联储开启了撒钱模式，不仅推出无限量化宽松政策，还直接运用财政刺激计划向民众发放补贴。2020年2月，美联储的资产负债表规模仅为4.1万亿美元；而到2021年12月，规模达到了8.6万亿美元，增长了一倍有余。

中本聪发行比特币的初心就是为了对抗政府无节制的放水，因而比特币完全依照一套设定好的规则发行，在任何情境下都不会改变。首先，比特币的数量上限是固定的，总共是2 100万枚。其次，它的发行速率也是相对固定的，不随外部条件的变化而改变。

发行比特币的过程一般被称为"挖矿"。所谓"挖矿"，实质上是用计算机来求解一个复杂的数学问题。比特币网络会自动调整数学问题的难度，让求解问题的时间始终保持在10分钟。也就是说，越多人加入"挖矿"的过程中，这个数学问题的求解难度就越大，所需的算力也越多。反之，如果很少的人参与挖矿，问题就会变得很简单，很容易得出答案，但解答时间仍然是固定在10分钟。因此，把矿工当作发行货币的央行的理解显然是有误的。矿工不仅不能改变比特币发行的总量，甚至也不能改变比特币发行的速率。

当一个数学问题被人求解之后，一个区块就此生成。每个区块的第一笔交易最为特殊，被称为"币基交易"，而第一个找到答案的人就可以获得相应的奖励。在2009年最开始的时候，奖励是50个比特币，当时的比特币发行速度即为每10分钟50个，随后每四年减半。当发行总量达到1 050万（2 100万的一半）时，区块奖励减半为25个比特币；当发行总量达到1 575

万（新产出 525 万，即 1 050 万的一半）时，区块奖励再减半为 12.5 个比特币。以此类推，大概在 2140 年，2 100 万枚比特币将发行完毕，此后不会再有新的比特币生成，所有的比特币交易将全部基于流通存量。

发行只是比特币最基础的部分，比特币的主要复杂技术是为了保证交易在没有中心化机构验证的情形下不出错。我们可以将比特币的交易类比为记账，其中，区块链是账本，矿工则是担任账房先生的角色。

比特币区块链是任何人都有权限查看的公共共享总账本。正是由于区块链的公开可见性，比特币运用非对称加密算法将地址与身份做了隔离，即使我们能看到每个地址下的比特币余额，我们也并不知道地址的真正主人是谁。对称加密在加密和解密时用的是同一个密码。而非对称加密算法则需要公钥和私钥两个密码，公钥对全网络公开，私钥则由个人保管。公钥与私钥是一对，如果用公钥对数据进行加密，那么只有用对应的私钥才能解密；如果用私钥对数据进行加密，那么只有用对应的公钥才能解密。如果 A 要向 B 转账 10 个比特币，那么 A 除了需要向矿工发送"A 向 B 转账 10 个比特币"的信息之外，还要提供 A、B 的公钥以及用 A 的私钥对这条信息签名。矿工会使用 A 的公钥来对这条信息进行校验，以确认信息确实由 A 本人发出。

矿工负责验证用户提交的交易，并将其打包记录在链上，对共享总账本进行状态的更新。值得注意的是，交易量的大小并不会影响出块速度。在早期比特币交易较少的时候,大部分的区块链都由不包含交易信息的空块组成。即使是现在,矿工也可以为了节省打包信息的时间而直接挖空块。由于数字货币发明的初衷是为了激励信息的自发传递,这种无效挖矿显然有些本末倒置,因此用户在发送交易请求的同时往往会给矿工支付一定的手续费,以此激励矿工把他们的交易记录在区块链账本上。

今天我们最习惯的记账方式是银行采用的账户模式,即用户在银行开户,每个用户都有一个账户余额。当用户之间发生交易转账时,银行作为一个中心化机构分别对账户余额做相应的加减。由于数字货币以数据形式存在,能以几乎为零的成本复制,所以在账户模式下,数字系统没有办法在脱离中介的情况下证明两个或以上的交易参与者没有使用同一笔数字货币,即著名的"防双花"难题。为解决这一问题,比特币创新采用了硬币模型,也被称为未花费交易输出(unspent transaction output,简称UTXO)模型。"硬币"这个词来源于比特币白皮书的第二小节"交易",代表着一连串的数字签名。这在本质上借鉴了物理世界的现金的特性。人们在使用现金时,往往不会在付出或收到一笔钱时,给自己的钱包余额做加减法。我们现在可能已经不经常使用钱包,但是对计算钱包余额的方式应该并不陌生,一般是将钱包中各类面值的货币加总起来。比特币亦是如此,在计算某个地址的比特币数量时,统计的便是过去它未经花费的比特币总额。区别在于,现金的过往不可追溯,而电子硬币却能够记录下转移的全部历史。在此种情形下，即使面额相同的两枚比特币，也不是在传统账户模式下完全一致的数字，因为它们的交易历史有迹可循、不尽相同。

在完成这一套记账机制之后，中本聪考虑到了一个更关键的问题。有这样一个故事：拜占庭帝国的将军们在一次围城之战中兵分几路，从不同方向进攻敌军。将军们之间通过信使传递信息，但信使可能会被敌军截获，造成丢失信息、传递假消息的局面。将军之中也可能会出现被策反者，妨碍作战行动的一致性。这就是在计算机分布式计算领域著名的"拜占庭将军"问题。在比特币网络中，将军和信使就对应着网络节点，忠诚将军是正常工作的节点，而叛变将军就是主动作恶的节点。由于比特币网络缺乏中心化的机构认证，因此，如何保证在有恶意节点存在的情况下仍能达成一致，就需要依靠工作量证明机制来实现拜占庭容错。

在工作量证明链出现之前，为了防止恶意节点攻击，互联网的发展一直采用的都是中心化控制方式，通过建立庞大的数据服务器人为控制所有的数据节点。然而，中心化控制的问题在近几年逐渐暴露，互联网企业集中掌握了用户的隐私数据，针对科技公司的反垄断审查在全球范围内展开。2021年10月，脸书出现史上最严重的宕机事件，据传在全网宕机的7个小时内大量用户数据遭到泄露。

顾名思义，中本聪所采用的工作量证明意味着每个节点都需要通过巨大的工作量才能获得记账权。比特币"挖矿"的工作量体现在算力之上。解答中本聪设置的数学难题没有别的捷径，只有通过穷举法才能得到答案。由于要获得多数节点承认，攻击者必须投入超过总体一半的运算量（超过50%的攻击），才能保证篡改结果。这使得攻击成功的成本变得非常高昂，难以实现。虽然工作量证明成功地解决了拜占庭容错问题，但也带来了严重的资源耗费问题。截至2021年12月，根据剑桥大学的统计，比特币目前每年的耗电量已经接近于黄金挖矿的耗电量，相当于全球第27大耗电国的耗电量。为了落实"双碳"目标，2021年中国在内蒙古、四川等地区进行了大规模的比特币清退"挖矿"活动。

◎ 比特币为何频遭监管风暴

自比特币开始发行至今，始终都是自发完成发币、记账、结算等过程而并未出现过错误。单从技术的角度来说，我们无法否认比特币确实是一项伟大的发明，但从一个更广阔的社会视角而言，比特币的去中心化却带来了极大的犯罪隐患。虽然中本聪和众多密码朋克们的本意是为了克制法定货币滥发和维护公众的数据隐私，但现实还是与最初的理想发生了偏差。问世后的数年间，比特币始终没有引起太多人的重视，直到一些违法犯罪集团开始大规模地使用比特币进行托管洗钱与非法交易。

2010年，维基解密创始人阿桑奇受到美国政府追捕，他的所有资金来源都被银行等传统金融机构切断。同样身为密码朋克成员的他找到了抗审查的比特币，开始通过比特币接受社会捐赠。中本聪马上意识到这种做法会让监管立刻注意到尚在襁褓中的比特币，对比特币的健康发展极为不利，但他除了在论坛上发布恳求阿桑奇不要这么做的帖子之外，并没有办法制止这一切的发生。而这恰是因为中本聪设计的比特币交易是完全去中心化的，没有任何人有力量阻止交易的发生。

2011年，一个叫作"丝绸之路"的网站诞生。它并不如其名字一样象征着文化的交融传承，反而是一个充斥着违法犯罪交易的暗网市场。比特币由于具有匿名性、去中心化、跨境流通便利等特征，成为"丝绸之路"从事托管洗钱和毒品交易的主流货币。据维基百科资料，"丝绸之路"曾流通超过950万枚比特币，当时价格总共高达12亿美元，占据了当时比特币流通量的80%。比特币并没有在极客们的梦想中成长，反倒却在黑市交易中声名大噪。随着比特币的价格水涨船高，比特币逐渐吸引炒币者加入。"黑""炒"二字傍身的比特币，连带着喷涌而至的山寨币，成为破坏各国原有金融稳定的元凶。

二、Diem：出道即巅峰的跨境支付新愿景

2019年6月，一个名为Libra的数字货币项目向传统的金融基础设施发起挑战，项目白皮书描绘了一个让数十亿人受益

的全球性新型基础设施，但随之而来的，它的超主权、超银行属性开始引发全球主流央行的警惕。Libra 的发起人不是单一的公司或者个体，而是被称为 Libra 协会的团体，协会成员包括牵头发起的社交媒体公司脸书以及数十家大型跨国企业。距 Libra 首次提出已逾两年，我们至今仍未看到 Libra 在现实世界中的任何身影，反倒是脸书的 CEO 扎克伯格频频活跃在各个听证会上遭受议员的问询。2020 年 4 月，Libra 发布白皮书 2.0，向现实妥协，同意增加以单一法币为锚的选项；2021 年年初，Libra 正式改名为 Diem，表示将直接锚定美元。2022 年伊始，改名为 Meta 的脸书公司宣布彻底放弃 Diem 项目，将它以 2 亿美元的报价卖给了另一个名叫 Silvergate 的加密货币机构。从一种野心勃勃的全球数字货币退化成锚定单一美元的跨境支付工具，最终却宣告失败被出售，这两年间出道即巅峰的 Libra 到底经历了什么？

◎ **Libra 从理想回归现实**

"全球仍有 17 亿成年人未接触到金融系统，无法享受传统银行提供的金融服务，而在这之中，有 10 亿人拥有手机，近 5 亿人可以上网。Libra 协会的使命是建立一个简单的全球支付系统和金融基础设施，旨在使数十亿人受益。" Libra 白皮书 2.0 如是说。

互联网的蓬勃发展令全球数十亿人能够获得来自世界各地

的信息与知识,并且享受各种低成本的服务。我们只需要一台智能手机,便可以免费向全球各地的好友发送文字或是分享图片。然而,传统金融系统的服务却并未普及每一个人。个人申请信用卡和借记卡需要在银行登记各类信息,并被要求提供资产证明,在全球范围内转移资金则更是成本高昂。国际清算银行的2020年度报告中提到,通过传统的银行体系,一笔200美元的跨境汇款平均成本(以112个国家为样本)高达交易总额的10%。不仅如此,在时间上,跨境支付往往需要耗费数天。这主要是由于目前的跨境支付结算普遍采用的是代理行模式。代理行模式指的是由具备国际结算业务能力的境内商业银行与境外银行签署代理结算协议,由其代理境外银行与境内银行、企业进行清算和结算;境外银行需要在境内代理行开设同业往来账户,并准备资金。简单来说,代理行模式涉及多个境内外银行之间的互操作,交易成本将包含往来账户的流动性成本、资金运营成本、外汇兑换成本、合规成本、支付运营成本、日常开支以及网络维护成本等,其中流动性成本和资金运营成本更是占到总交易成本的65%(来自麦肯锡数据)。此外,由于各国银行系统的开放时间存在时差,常常会出现资金滞留在系统的某个环节,拉长交易时间的情况。

2019年6月18日,Libra正是在此背景下诞生的,提出要成为"无国界货币",让所有人在全球范围内的支付都能像收发邮件一样轻松、划算,甚至更安全。然而,在这个野心勃勃的项目计划公布仅几小时后,法国经济和财政部长布鲁诺·勒梅尔就对 Libra 成为"主权货币"进行了警告。在白皮书公布的四个月内，美国国会已经针对当时的项目负责人戴维·马库斯以及脸书 CEO 马克·扎克伯格开了两场高规格的听证会。随后，对 Libra 如何进行反洗钱、反恐怖主义融资、防止贩毒集团等非法利用的质疑，逐渐超过了对 Libra 提供普惠金融服务的期待。Libra 涉及大量交易敏感数据的处理，更是加剧了公众和政府对 Libra 可能会通过侵犯隐私实现赢利的担忧。经历了频繁的质疑和停滞，Libra 最终放弃理想主义，让步于现实主义，由"货币"降格为"支付系统"。这看似是一种后退，却也在妥协之下拥抱了新的基因，令其蜕变为承接各国数字货币的基础设施。

  Libra 项目由三个部分组成，分别是储备金、Libra 协会以及 Libra 区块链。在 Libra 从理想走向现实的过程中，这三个部分都发生了重要变更。

  第一，储备金从一篮子货币变为单一法币。Libra 的第一版白皮书指出，它可视为超主权货币，其发行后的储备资产将投资于一篮子货币和债券，储备资产的投资收益将归初始会员所有，普通持有者不能享受这一收益；但并未说明在储备资产亏损情形下由谁来兜底和填补。2020 年 4 月，Libra2.0 白皮书提出除了提供锚定一篮子法币的币种外，还将引入锚定单一货币的稳定币，其"超主权"属性就此动摇。此外，白皮书中还增加了大量合规设计，包括制定监管资本框架，以确保保持适当规模、吸收亏损的资本缓冲。12 月，Libra 宣布改名为 Diem，Diem 在拉丁语中的意思为"日"。一方面，Diem 想通过改头换面，与脸书更好地划清界限；另一方面，Diem 的目标在于推出锚定单一美元的稳定币，仅作为美元的数字形式载体，从而降低监管风险。

第二，Libra 协会遭遇了重要成员退出的危机。2019 年，Libra 协会的首批组织成员有 28 家企业，包括分布在不同地理区域的各种企业、非营利组织、多边组织和学术机构，行业涵盖包括 Paypal、万事达卡（Mastercard）在内的支付业，包括脸书、易贝（eBay）、Booking 在内的互联网平台企业，电信业，区块链业以及风险投资业。同时，Libra 在第一版白皮书中提出到 2020 年上半年协会创始人数量达到 100 个的目标。但由于政府监管部门对该项计划不断审查，Paypal 率先宣布退出，此后三大支付巨头万事达卡、Visa、Stripe 和美国电商巨头易贝接连退出 Libra 协会。虽然后来协会补充了新的成员，达到 26 家企业，但离早期的 100 个的目标相去甚远。

第三，Libra 区块链增加更多合规设计。虽然区块链可以潜在地解决可访问性和可信任性的问题，通过安全加密技术保障资金的安全，但现有加密货币所采用的区块链系统不受许可，币值又呈现出高度波动性，无法在市场上广泛采用。因此，Libra 构建了一个新的区块链基础设施，支持扩展到数十亿用户，采取开源设计以便所有人都可以在此基础上进行开发。Libra 始终坚持使用区块链/分布式账本技术为底层基础，但在 Libra2.0 白皮书中也开始更关注监管的需求：第一，Libra1.0 曾提出要在 5 年内向非许可系统（公链）过渡。Libra2.0 则放弃了这一方向，宣布在保持 Libra2.0 主要经济特性的同时，放弃未来向非许可系统的过渡，而始终采用受许可的系统（联盟链）来保证监管要求的合规规定得以维持而不会被更改。第二，Libra 将对智能合约实施适当审查和风险控制。只有协会批准和发布的智能合约，才能与 Libra 支付系统直接交互。

◎ Diem 与央行的关系

自现代货币体系建立后，货币发行便始终由政府部门主导。经历了两年多的摩擦与探索，Diem 最终找到了自己的定位，成为各国发展央行数字货币道路上公共领域的有益补充。Diem 首席经济学家在罗汉堂第五次前沿对话中做了一个比喻："Diem 和央行的关系就像是 SpaceX 与美国航天局（NASA）的关系。"

SpaceX 和 NASA 都对太空旅行感兴趣，但两者的目标不同。NASA 的目标是拓宽人类的知识，促进对宇宙的探索；SpaceX 的目标则是利用地球以外的资源帮助人类飞出地球。NASA 在 2011 年终止了航天飞机项目，因航天飞机的成本过高，美国政府资助机构无法找到合适的替代品。于是，NASA 决定与其让其他公司帮忙建造，不如租用其他公司的航天飞机。由 SpaceX 牵头研发的龙飞船，参与了国际空间站的首次商业性对接，这也是 NASA 首次与其他公司进行商业性合作。同样地，就像 NASA 需要 SpaceX 一样，如果没有 NASA，SpaceX 也无法取得今日的成就。在 SpaceX 出现资金周转问题时，美国政府资助机构为 SpaceX "猎鹰 9 号"提供了大约一半的研发成本，而"猎鹰 9 号"也成为 SpaceX 最主要的运载火箭。

Diem 与央行数字货币的关系亦是如此。前者完全由私人部门运营，代表市场的力量，以市场创新为驱动。后者则以政府力量为主导、公共政策为驱动。在 Diem 发布之后，市场对央行数字货币的搜索量反而大幅增加，公与私两股力量在货币体系中开始处于争夺的状态，最终却互相学习，成为公私合作的典范。

Libra 刚发布时，各国央行发行央行数字货币的计划尚未成型。而在 Libra 发布白皮书 2.0 乃至改名为 Diem 时，全球央行和监管机构对央行数字货币的研究已经出现了跨越式的发展，协会也在新的白皮书中表达了与监管合作的强烈意愿，甚至致力于成为政府央行数字货币的服务提供商。其中提到，随着各国央行陆续开发出央行数字货币，这些法定数字货币可以直接与 Libra 网络集成，从而消除 Libra 网络管理相关储备金的需要，这可以降低信贷和托管风险。

无独有偶，中国央行研发的数字人民币作为全球领先的央行数字货币，则与滴滴出行、美团、B 站和商汤科技等私营企业达成战略合作协议。数字人民币与私营部门合作，和传统认知中政府主导的央行数字货币出现背离，却与 Diem 的设定不谋而合。Diem 是由拥有 30 亿全球用户的脸书牵头、多个网络遍布全球的大型企业合作发布的项目，现存的商业变现场景是 Diem 迅速获得推广的保障。相较美国，中国科技企业的海外用户仍不具规模,但基于国内人口红利,微信、支付宝等用户数量已达十亿数量级,在数字经济的网络效应上居于世界领先地位,将有助于数字人民币在应用场景加速渗透。

数字人民币拥抱私营部门,Libra 转向政府服务,相互学习中数字货币已雏形初现,未来将演变为公私解决方案的混合体。在货币发行层面,私营部门的介入与数字经济时代相适应,确保法币的实用性与可用性;而在数字支付层面,公有部门的参与则有望遏制过度寻租,以支付普惠平衡数字经济新生态。

在数字货币发行层面,私营部门的介入有助于拓宽未来货币格局。以第一次世界大战爆发为诱因,人类社会正式从金本位制过渡至信用货币体系。黄金主要承担支付手段的功能,被视为商品货币。各国政府发行的法币则是标准的信用货币,以负债(储备资产)为信用背书。在信用货币体系下,政府的角色得到增强,美元以国家实力为后盾,与石油挂钩,凸显商品货币价值,进一步强化了公有部门在货币发行上的绝对主导地位。货币体系的演变同时折射出了以财政和货币为双塔体系的经济政策变迁,凯恩斯主义在现代货币体系中由此得到长足的发展。然而,自 2008 年金融危机发生后,货币政策便一直难以回归常态,对政府超发货币的担忧迭起。互联网繁荣则形成新的货币使用场景,部分实现了自由市场的假设,助推了私人力量的加入。嫁接于互联网之上的虚拟产品与服务是数字支付诞生的源头。在政府尚未推出数字形态的货币时,私营支付机构借助自身天然流量优势,填补了这一空白。而伴随这一升维空间的持续拓展，可以预见数字形式的新型货币已是未来的大势所趋。Diem 的横空出世，更是衍生至跨越国界与主权，引发各国政府警惕。当货币新选项出现时，货币发行方除了考虑如何实现保证货币币值稳定的既有目标之外，还需要额外考虑如何在商业场景中渗透，从而保证货币的实用性与可用性。而作为虚拟产品与服务提供者的私营部门，也随之成为新一代货币体系的必要补充。

在数字支付层面，公有部门的参与有望平衡数字经济新生态。与货币发行不同，数字支付是一切商业机构变现的必经通道，虽然本身业务利润微薄，但掌握话语权与潜在商机，是私营部门的兵家必争之地。然而，数字支付的网络效应促使私营部门存在过度寻租的可能，或从两个方面反抑私营部门的创新。在扩张初期，支付机构借助派系竞争占据市场份额，要求商家采用"排他性"支付方式，增加用户流失与损耗。在圈地完成后，互联网企业则会利用网络效应抬升议价能力，在个人用户提现与信用卡还款等缺乏商业场景直接变现的领域征费，这已从侧面体现出私营部门寻租的潜质。上述情形与普惠金融的原则相悖，也在过度商业化中抑制了私营部门其他行业参与者的发展。在宏观层面，政府发行数字货币，其维护主权、创新财政和货币政策工具与精细化管理金融风险的好处不言自明。但我们发现，在社会福利与微观层面，政府部门参与数字支付能够有效抑制过度寻租，以自生态平衡成本和收益，更有利于营造私营部门的创新环境。根据 Libra 2.0 白皮书，Libra 币不对持有者付息,"储备资产的正利息将用于支付系统成本,确保交易的低费用,增加所需的资本缓冲,并支持增长和采用"。相比之下,政府部门运作的成本收益来自不同路径,有望优化社会福利的分配。数字人民币是央行完全掌握货币发行权的中心化货币,但在承接法币体系之外,兼任由政府部门提供的支付基础设施。其与私营部门合作,在微观层面将类似 Diem 协会,通过共享用户的方式打破"非此即彼"的竞争观,激励企业从存量博弈进阶至升维合作。而赋能私营部门新增创造的税收收入,用于反哺数字货币基础设施的运营及开发费用,也似乎更为合理。

◎ Libra 折戟的三重启示

虽然 Libra 做了很多的妥协与改变,但它自始至终缺乏金融的基因,其母公司数据使用不当的黑历史更是成为其获取监管信任的拦路石。历时两年半,正式改名为 Meta 的脸书终于放弃了这个命运多舛的项目。2022 年年初,Meta 以 2 亿美元的报价将它转手卖给了 Silvergate。Silvergate 是一家成立于 1988 年的美联储会员银行,一直以来为加密货币提供服务。"塞翁失马,焉知非福",或许,离开了科技公司头衔的 Diem 才真正找到了它的归宿。

尽管 Libra 的失败几乎已成定局,但不可否认的是,它加速了全球主要央行对数字货币的研究与试点工作,推动了央行数字货币的跨越式发展，其发展路径也为后继者留下了三重启示：其一，数字货币实际落地需要与传统货币体系对接，传统金融机构的资金托管服务不可或缺。其二，数字货币走向世界需要注重权力的制衡，由单个个体掌握主导权的数字货币无法被监管部门及公众接受。其三，数字货币凸显优势需要妥善的公私安排，私有部门不适宜作为通用货币的发行方。从分析Libra失败的原因看元宇宙的发展，我们亦可发现，完全脱离实体的乌托邦是不存在的，脚踏实地方是数字货币迈向星辰大海的关键。

第一，数字货币实际落地离不开传统金融机构的推进。Libra在过去两年多的时间里频频遭遇监管审查。事实上，类似的监管压力也时常施加于比特币之上，但比特币的发行基于固定算法，游离于法币体系之外，因此监管仅能限制比特币在中心化交易所的交易，而对其发行难以遏制。Libra则不同，在第1版白皮书中，Libra提出要与一篮子货币的币值挂钩，将美元、欧元和日元等多种货币作为储备资产1∶1兑换。这意味着，Libra所有的资金均需要托管在受美联储或者其他主权国家监管的银行。因此，相比在白皮书中畅谈技术创新与合规设计，对Libra来说更紧要的事反而是向美联储申请银行牌照，从而顺利推动其私人货币业务落地。而背靠于强大社交网络的Libra却未经许可率先面世，以至于在申请合规牌照之路上举步维艰。2021年5月，Libra放弃了在瑞士金融市场监督管理局（FIN-MA）注册的计划，辗转回到美国，与后来它的收购方Silvergate展开合作，希望借助Silvergate的正规金融业务牌照发行

Libra并管理其美元储备。

第二，数字货币走向世界需要注重权力的制衡。Diem协会的26家企业中，Meta公司以三分之一的股份占据了绝对的主导权。由于Meta曾对大量敏感数据处理不当，公众和政府担忧Libra可能同样会通过侵犯隐私实现赢利。2021年11月，美国联邦监管机构阐述了其对新型数字货币的监管目标，提出稳定币发行方和科技巨头结合可能导致经济权力过度集中。因此，即使Libra计划与持牌机构Silvergate展开合作，由受规管的银行发行稳定币，监管机构仍对此感到不安并制止了它的发行计划。监管机构认为，Libra或将依托于脸书的社交网络形成稳定币垄断，用户在转而使用其他稳定币时将会面临过度的阻碍与成本。

第三，数字货币凸显优势需要妥善的公私安排。私人货币无法满足公众任何时候都能足额偿付的需求，加大了验证货币价值的社会成本，因而由私人部门直接发行数字货币并不符合社会发展的需求。妥善的公私安排应体现为由政府部门或者持牌银行发行数字货币，私有部门则担任支付服务提供商的角色，发挥其网络效应与技术优势参与数字货币的流通。恰逢Libra出售之际，美联储首次发布了关于数字美元的研究报告，其中提及的双层架构符合上述公私安排方式，也是目前央行数字货币的主流技术路径。

从Libra的经验看数字货币的发展，脚踏实地方能走向星辰大海。Libra的折戟源于其低估了理想向现实迈进的实际阻碍，割裂了新生数字货币与原有金融系统相互依存的关系。由此可见，完全脱离于实体经济的乌托邦是无法实现的，在美好愿景落地时首先要考虑与现有系统的兼容性。元宇宙亦是如此。中国监管部门出台多项规范元宇宙发展的相关政策，提示"防范以元宇宙名义进行非法集资"，资本市场对元宇宙的概念热炒暂时告一段落。在投资情绪逐渐回归理性与平静之时，数字经济与实体经济融合的必要性也随之显露。2022年2月21日，中国移动通信联合会元宇宙产业委员会官网发布《元宇宙产业自律公约》，提出元宇宙业务应立足服务实体经济，坚决抵制利用元宇宙热点概念进行资本炒作，避免形成市场泡沫。这标志着，中国的元宇宙发展已迈过纸上谈兵的憧憬阶段，正朝向具体的产业场景扎实推进。

三、央行数字货币：后起之秀的主流正统军

◎ 主流央行对央行数字货币的态度因何转变

央行数字货币的兴起，是发达经济体监管机构对数字货币从质疑到接纳的佐证。早在2014年，厄瓜多尔央行就提出了最早的央行数字货币，然而当时并没有引起重视。主流央行对央行数字货币态度的转折点发生在2020年，这在国际清算银行的统计图表中也可以得到佐证。2020年以来，关于央行数字货币的正面论调数量明显上升。美联储曾在2017年对央行数字货币

提出质疑。2019年12月,美国财政部长姆努钦与鲍威尔仍同意在未来五年中,美联储都无须发行数字货币。然而2020年5月,埃森哲与数字美元基金会联合发布了"数字美元计划"白皮书。同样的态度转变也出现在日本。2019年10月,日本央行行长表示日本没有立即考虑发行数字货币的计划。2020年2月,日本财务省、金融厅(FSA)和日本央行,举行了关于中央银行数字货币的研究会议,讨论数字货币的前景以及与之相关的经济影响。

促使主要央行态度转变的原因并不难以揣测。一方面,非主权货币Libra以及各类稳定币的兴起对主流央行形成了冲击。2019年,互联网公司脸书发布Libra白皮书,其"超主权"与"超银行"属性引发强烈争议,世界各国央行由此提速对数字货币的研发与设计。在移动互联网飞速发展的十余年间,尤其在中国,移动支付凭借其便捷性已经成为最主要的日常高频支付手段,并且辐射范围不断扩大。在Libra出现之前,虽然支付宝和微信等支付工具的大规模使用也曾引发对金融稳定的担忧,但是由于使用场景主要在境内,且以人民币为备付金发行,因而不存在货币替代效应。Libra则由多家跨国企业联合发行,声称可以绕开银行等传统金融机构进行支付清算,而通过这些企业自带的场景实现支付闭环。数字货币的渗透性极强,或将带来货币替代,不仅在货币弱势的发展中国家广泛使用,还有可能挑战美元、欧元、日元等国际货币的地位。另一方面,新冠肺炎疫情推动了数字经济的加速进化与重心下沉,"无接触支付"成为刚需。随着人们对数字支付的需求显著提升，率先自行推出法定电子货币还是放手让私人支付机构接管，成为各大主流央行的重要考量。

央行数字货币自此广泛进入大众视野，并成为国际货币基金组织（IMF）、国际清算银行（BIS）等国际金融监管机构讨论的重大议题。2021年国际清算银行调查显示，86%的全球央行都开始关注央行数字货币，60%正在试验相关技术，14%已经开展了试点工作，其中，中国、瑞典、巴哈马等国已率先发起试点测试。根据国际清算银行的统计，各国央行发行数字货币的动机主要分为以下几种：第一是增强支付安全性，第二是提升国内支付效率，第三是增强金融稳定性，第四是增强货币政策有效性，第五是提升跨境支付效率，第六是实现金融普惠。其中，发展中国家发行数字货币的动机要显著强于发达国家。尽管不同国家央行研发央行数字货币的政策目标会有些微差异，但共同且首要的目标是维护金融稳定，在加速变革的数字经济时代巩固法币地位，将数据主权由锋芒渐露的金融科技企业控制过渡回央行监管的传统框架体系之下。

◎ 央行数字货币和比特币有何异同

首先需要明确的是，比特币与央行数字货币在本质上完全不同。央行数字货币是在数字经济时代巩固国家货币发行权的新型货币工具，因而其价值支撑与传统法币并无二致，仍是国家信用或者说国家持有的底层资产，且央行作为可信任机构认证央行数字货币的价值；比特币则代表了自由意志主义的意识形态，无须可信的中心化机构承认，以一系列技术原理为基础自证价值。通俗来说，比特币的价值支撑是稀缺性，但并不是黄金这类矿产资源的天然稀缺性，而是被当前人类认知范围内数字真理与物理规律所验证的人为稀缺性。基于价值保证的不同，比特币与央行数字货币在发行方式、流转方式以及币值波动上，自然而然会表现出不同。央行数字货币的价值由中心化机构央行认可，因而是一个更讲究效率的货币系统；比特币则需要额外牺牲效率（工作量证明）来实现价值认证。在发行方式上，央行数字货币通过存款准备金的兑换或者直接由央行发行；而比特币的发行是通过币基交易，伴随着每一个区块的打包（维持在 10 分钟），一定数量的比特币作为挖矿奖励诞生。央行数字货币的发行数量没有上限；而比特币的发行速度固定且每四年减半，并最终在 2140 年达到上限 2 100 万枚。在流通方式上，比特币无须借助任何机构，由全节点记录并公示交易，交易速度一般认为是每秒处理 7 笔；而央行数字货币本质上由央行单点记录流转，中间参与的商业银行起到执行指令的作用。根据公开信息，中国的数字人民币能达到每秒 30 万笔的交易处理能力。

比特币与央行数字货币虽然存在本质差异，却都在致力于成为数字经济时代的新型货币，满足日益增长的数字化支付需求。比特币固然有自身弱点，但不可否认的是，其创新设计及底层技术包含了数字经济时代对货币价值与货币形态的重新审视，对央行数字货币有着不可磨灭的启发意义。中本聪发布的比特币白皮书名为《比特币：一种点对点的电子现金系统》，央行数字货币也是受此启发，内核聚焦于"点对点"以及"现金"这两个特征。

"点对点"意味着去中介化，在保护用户隐私的同时提升支付效率，将数据所有权交还给持币者。"现金"则表明央行数字货币是央行的直接负债。现金收付不需要通过任何金融机构，是真正意义上的点对点交易，同时，现金又是最安全的资产类别，几乎没有信用风险和流动性风险。然而，现金的物理载体形式也暴露出明显的弊端。对于使用者，现金携带不便，找零烦琐，存在被盗窃的风险；对于发行者，现金印刷维护成本高昂，还要耗时耗力打击造假及洗钱行为。尤其进入数字经济时代之后，线上交易频繁，现金愈发难以满足日常支付便利性的需求。

非银支付机构[①]和商业银行借此契机促使人们将实物现金转化为电子存款，然而实物现金与电子存款两者的意义却完全不同。一方面，公众只能在实体现金（M0）与电子存款（M1、M2）之间二选一，公众将部分现金存放在银行或只是出于方便日常交易的目的，而不存在真实的存款需求，商业银行却得以

---

① 非银支付机构是指在中华人民共和国境内依法设立并取得支付业务许可证，从事部分或者全部支付业务的有限责任公司或者股份有限公司。支付宝、微信、银联等都属于非银支付机构。

利用这部分存款不断扩大信贷规模。另一方面，现金交易完全匿名，而转化为电子存款后由少数几个支付机构掌握关键交易信息，对国家的金融稳定形成潜在威胁。

从实质上说，比特币和央行数字货币都是在提供一种介于电子存款与实体现金之间的选择，也可称之为"以电子形式存在的现金"。首先，虽然央行数字货币被以电子形式放在银行的钱包中，但它不体现在银行的资产负债表上，银行并不能以此进行放贷。其次，比特币和央行数字货币在不同程度上满足匿名性的要求。比特币消除所有中介，实现完全匿名，开户只需要自己生成公钥和私钥，转账交易也脱离身份认证。而央行数字货币隔离身份 ID 与钱包地址以实现有限匿名，唯有央行能够获取完整交易信息，在保护用户隐私的同时，也考虑到追踪不法交易、加强监管性能的反欺诈需求。

相比之下，我们所熟悉使用的电子支付，虽然简化了传统银行体系的烦琐转账流程，却以中心化的方式监测资金的完整流向，不仅无法满足用户的隐私需求，渐起的支付壁垒与市场分割也对金融稳定构成潜在威胁；虽然支付机构向央行缴付 100％准备金，但仍是私人机构负债，并不具备破产追索权。从这两个角度不难发现，央行数字货币与电子支付存在本质差别，因而其革新意义也不可同日而语。

面向数字经济主导的世界，央行数字货币致力于成为新一代的金融基础设施，它不仅是用户实现数字化需求的载体，也是货币适应数字世界的起点。其一，央行数字货币缩短支付链条，让用户敏感数据免于受到不受信任的机构的控制，更能兼顾数字经济时代的隐私保护与金融安全需求。其二，央行数字货币分离了金融机构支付与信贷的职能，在支付层面降低了因中介机构而产生的信用风险和流动性风险，倒逼商业银行科技转型。其三，央行数字货币革新了央行调控经济目标的手段，丰富了央行的政策工具箱。除了增强财政直达性和提升货币把控度，未来利率或能指导央行数字货币（高能货币）与银行存款（信用货币）的相互转化，以期获得合意均衡的信贷规模。需要注意的是，央行数字货币替代流通中现金（M0）或是银行存款，对经济的潜在影响不同（详见表5-1）。

表5-1 央行数字货币替代流通中现金和替代银行存款的不同场景

CBDC功能	对商业银行影响	经济影响
替代流通中现金	银行资产负债表不变	中性
替代银行存款	银行资产负债表缩小	压抑信贷与资产泡沫

资料来源：IMF，BIS，WTO，ICBCI Research。

◎央行数字货币如何实现设计多样性

在传统的信用货币体系中，无论是美元、欧元还是人民币，从根本上来说都是同质化的，唯一的区别体现在币值（汇率）上。然而，数字化形式赋予了央行数字货币的设计多样性，不同国家在央行数字货币的机制设计上已经表现出不同的偏好。因此，央行数字货币不同于传统法币，正确认识它不仅需要把握住不变的内核，还需要认识到实现方式的灵活性。上一节提到，其内核在于"点对点"以及"现金"特性，这意味着央行数字货币是央行的直接负债，不仅具有最高信用等级，还能消除中介机构的冗余嵌套，将数据控制权交还给持币者。因而，央行数字货币不仅是用户实现数字化需求的重要载体，也是货币适应数字化世界的革新起点。变的是实现路径。国际清算银行的文章《零售型央行数字货币技术》（*The technology of retail central bank digital currency*）描绘了一个央行数字货币的金字塔选择模型（如图 5-1 所示），启发我们可以依据消费者与国情需求，在运营架构、账本模式、获取方式和使用范围等多个维度灵活设计。金字塔是自下而上设计的，底层的选择将反馈入上层决策。

金字塔的底部是央行数字货币的运营架构设计，分为单层和双层。单层架构意味着央行数字货币直接由央行向公众发放，但公众对于支付便利性的要求将会导致央行职能发生变化，央行可能需要从一个政策制定导向的机构转为专业的 IT 架构开发者。此外，如果央行数字货币直接向公众开放，博弈的最终结果将是金融脱媒，公众倾向于将所有钱存放在央行，从而削弱商业银行在国民经济中的地位。双层架构则并不边缘化商业银行，央行仅承担央行数字货币向商业银行批发的工作，而兑换、赎回以及流通环节仍然交给更擅长运营用户体验的中介机构完成。

往上一层是账本模式，可选择中心化或分布式的记账方式。对于央行主导的单层运营体系，基本上只能采用中心化账本模

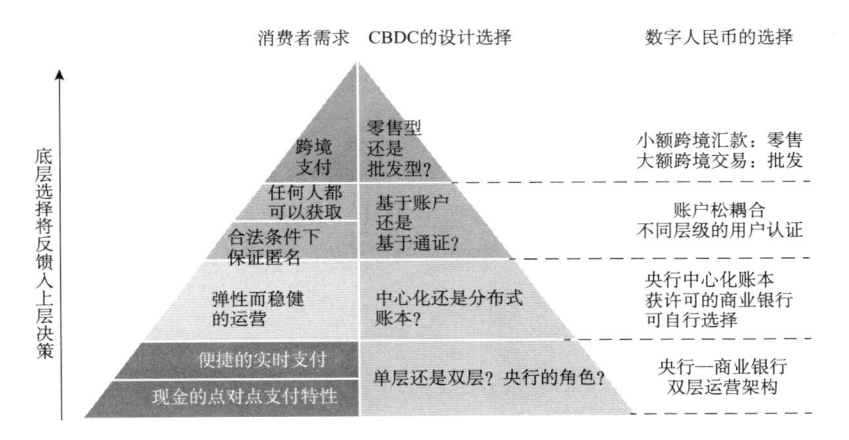

图 5-1　CBDC 的金字塔设计结构

资料来源：BIS. *The technology of retail central bank digital currency*，ICB-CI Research。

式，即每笔交易都只由央行一个中心化节点更新，类似于当前第三方支付机构显示的余额，都是由单个支付机构维护的。如要采用分布式账本，则意味着需要类似于比特币的区块链技术，任何人都可以参与记账并公开广播，并保证单点故障不会影响账本的一致性；但这种做法的代价就是支付效率低下，对系统性能要求高。比特币本身没有信用支撑，拜占庭容错（恶意节点无法篡改结果）可看作维持其价值的保证，一般需要1个小时才可视作交易确认，这显然无法满足高频次的日常交易需求。而央行数字货币本身作为一个中心化的发行系统，就没有必要牺牲效率实现完美的容错机制、采用去中心化的方式维护账本。而对于"央行—商业银行"的双层运营体系，"获得许可的"分布式账本则比较可行。比如，加拿大央行采用的 Corda 系统就是一个典型的例子，在加入共享账本之前，金融机构需要首先获得审核许可，加入后则不再需要每次交易都去核对账本一致性，从而大幅提升了效率。

随后是央行数字货币的获取方式可以基于账户或是基于通证。前文已经提到，类似于现金的匿名性是央行数字货币的本质要求与革新所在，但实现方式却可以有所不同。加密货币所采取的通证范式对应的是"我知道，所以我有"，用户身份与收款地址不挂钩，只需掌握私钥（传统银行体系中的密码），即可获得资产归属权，从而完整地保护用户隐私。而账户范式是传统银行所普遍采用的，开户之前需要登记身份信息，对应"我是，所以我有"。账户范式下，银行具有审核开户资质以及追踪资金使用的权限，隐私与普惠性相对不足，但好处在于如果用户丢失密码，能通过实名认证找回。

最顶层是跨境使用的设计，央行数字货币可以分为零售型和批发型两种。零售型央行数字货币直接面向公众推出，批发型央行数字货币则仅在央行与金融机构之间使用。一直以来，央行数字货币采用零售型还是批发型的设计方案并未有定论，但零售型央行数字货币改革更为激进，面向公众影响范围更大，存在"狭义银行"的潜在扰动风险（遭遇危机时，银行存款大量向央行数字货币转移），实际推进较为缓慢。根据国际清算银行的统计，仅有巴哈马和东加勒比国家组织的央行正式发行了零售型央行数字货币，而同期已有 11 国央行在批发应用上取得实际成果。

相比于对国内支付的改造，央行数字货币对跨境支付的提效降费效应更为显著。世界银行 2021 年 3 月的统计数据显示，全球平均跨境支付成本大约为支付金额的 6.38%。而在时间上，代理行模式下的跨境支付往往需要耗费数天。相比之下，Stella、Ubin 等央行数字货币研究项目则运用了一种名为哈希时间锁合约的技术，点对点实现了跨境、跨货币的同步交收，大幅提升了跨境支付效率。哈希时间锁合约是一种跨链支付的手段，其核心是通过序贯博弈在去信任化环境中进行条件支付，交易双方约定在某段时间内提交才有效，超时则承诺方案失效，资金退回交易参与方。但其也存在缺点，例如：在时间锁设定时间结束前，如果交易方想撤回或改变交易内容，将承担较大风险。如果央行在第二层采用的是通证范式，则央行数字货币的使用不依赖于用户身份，海外用户与国内居民使用央行数字货币并无二致，天然支持跨境应用。但如果采用的是账户为主的范式，央行数字货币的跨境应用则需要额外整合批发功能。不可忽略的是，比特币、Diem 以及层出不穷的稳定币，均是为解决现有跨境支付的痛点而生。因此，央行数字货币的尽早推出也有助于抵御外来数字货币对本国的冲击，保护本国货币主权与政策独立性。

◎ 央行数字货币如何从虚拟走向现实

伴随各国央行对央行数字货币的日益重视，央行数字货币不再停留在纸上谈兵的阶段。在主观力量与客观趋势的双重作用之下，央行数字货币从虚拟走向现实已是大势所趋。然而，央行数字货币作为一种外生事物，在融入现有金融生态的过程中必然会产生多重摩擦成本。那么，央行应当如何最小化潜在的摩擦成本，实现央行数字货币"软着陆"，成为当下值得探讨与规划的问题。央行数字货币除了优化自身基础性能之外，还需要注重三个方向的进化，成为一个可供选择的（alternative）、有所提升的（better）以及无损害的（harmless）新型货币解决方案。这三个进化方向也折射出央行数字货币应有的发展理念：第一，央行数字货币不是推倒重建，它需要作为创造性的补充与现有支付体系共存，推动一致性支付标准的建立；第二，央行数字货币不是简单的法币数字化，它需要以人为本，为用户提供保护隐私、安全可靠的更优支付体验；第三，央行数字货币不追求数量和规模的扩张，而更注重使用习惯的渗透与改变，引导互联网金融的重心向传统金融体系回归（如图 5-2 所示）。

2020 年 9 月，国际清算银行联合多国央行连续发布了三篇关于央行数字货币的报告，分别探讨了央行数字货币的兼容性、用户需求适配性以及对金融稳定的潜在影响。此前，国际清算银行将研究重心放在央行数字货币自身的设计细节上，讨论采用何种机制以提升支付效率和降低中介成本。而这三篇报告似乎开始考虑一些更为现实的问题。受主流货币当局的主观力量以及货币体系更迭的客观趋势的双重影响，央行数字货币从虚拟走向现实的脚步正在临近。国际清算银行的系列报告恰是通

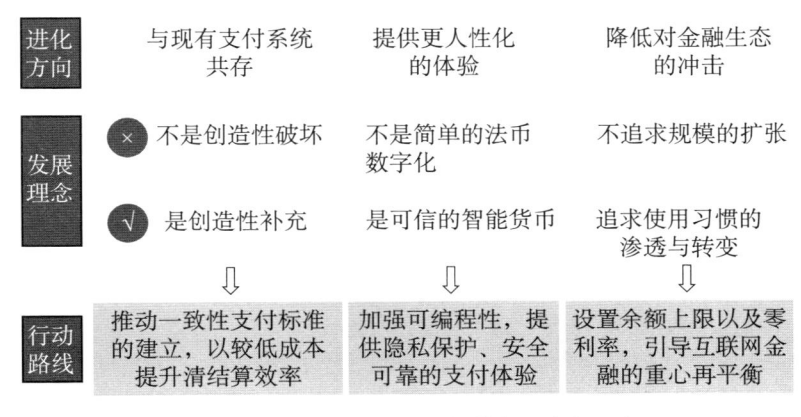

进化方向	与现有支付系统共存	提供更人性化的体验	降低对金融生态的冲击
发展理念	✗ 不是创造性破坏 ✓ 是创造性补充	不是简单的法币数字化 是可信的智能货币	不追求规模的扩张 追求使用习惯的渗透与转变
行动路线	推动一致性支付标准的建立，以较低成本提升清结算效率	加强可编程性，提供隐私保护、安全可靠的支付体验	设置余额上限以及零利率，引导互联网金融的重心再平衡

图 5-2 央行数字货币如何从虚拟走向现实

资料来源：ICBCI Research。

过分析三个看似并不相关的主题，给出了完整的指引方向。我们将其总结提炼得出以下结论，为实现央行数字货币"软着陆"，央行数字货币需要朝着可供选择的、有所提升的以及无损害的方向进化。

央行数字货币不是推倒重建，它需要与现有支付系统谋求共存。国际清算银行在第一篇报告中重点强调了央行数字货币的兼容性。过去，央行只需要承担印刷纸币的任务并提供价值保证，公众就能自发通过物理交换的形式实现货币流通。而数字化形式的货币流通则必须考虑系统兼容性，倘若公众需要完全从原有支付系统转移至央行数字货币的新系统，那么无疑会增加用户的使用成本，这会导致新系统缺乏竞争力，进而降低市场活力。报告还提到，央行数字货币能否以较低成本实现大范围兼容，很大程度上与现存支付系统的特性相关。如果原有系统已经建立起统一的数据和通信标准，那么央行数字货币的渗透成本将会大幅降低。因此，为尽可能降低数字人民币融入现有支付系统的摩擦成本，央行需要从这一方向重点推进，克服潜在的因商业利益和格式互斥等问题形成的可互操作性障碍，整合统一支付体系标准。我国监管部门正在有序推进支付宝、微信支付与云闪付的互联互通，第一要实现条码支付的互认，第二则是开放平台生态场景的支付入口，这已体现出逐步建立一致性支付标准的新思路。

央行数字货币不是简单的法币数字化，它需要以人为本，更好地满足用户需求。与现有支付系统兼容保证了央行数字货币在供给层面的即时可用性。而从需求层面看，如何使公众愿意形成使用央行数字货币的习惯则是另一个值得探讨的问题。由私人机构主导的电子支付在过去数年得到了快速发展，如果央行数字货币不能在功能上超越这些电子支付手段，用户可能并不会选择长期使用央行数字货币。我们认为，央行数字货币如果仅是法定信用货币的数字化，那么从长期看竞争力并不足，即使通过红包或者交通补贴等形式发放给公众，公众或许也只会一次性使用，商家仍会迅速将收取的央行数字货币转化回银行存款，无法实现真正意义上的有效流转。因此，央行数字货币需要把握用户不断变化的需求，凭借独特优势改变用户的支付习惯。

央行数字货币不追求规模扩张，而注重习惯质变，尽可能减小对金融生态的冲击。一直以来，狭义银行是发行央行数字货币的一个潜在担忧，即银行存款大规模向央行数字货币转移引发金融脱媒和货币挤兑等潜在风险。国际清算银行在第三篇报告中对这一问题进行了详细阐释与学术测算。根据国际清算银行的分析，如果银行因此失去了一部分活期存款，那么它需要转而通过长期的批发型融资（比如发债）来填补这一缺口，抬高银行的融资成本。但相比存款，长期批发型融资的短期偿还压力降低，在资产端所需要的高质量流动性资产也会相应减少。通过学术测算发现，假设长期融资利率、非利息收入、非融资费用等条件不变，在最坏的情形下（损失 25% 的存款，长期融资利率比活期存款利率高 2%），银行的净资产收益率（ROE）将下降接近 0.9%。相反，如果银行想要维持赢利能力，那么借贷利率则需要提高 0.7%。为减弱存款替代效应，央行数字货币不追求数量和规模的扩张，而更注重使用习惯的渗透与改变，引导互联网金融的重心向传统金融体系回归。

第六章
数字人民币的设计与应用

心有猛虎,细嗅蔷薇。

——西格里夫·萨松

2014年，中国人民银行成立法定数字货币研究小组，开始对法定数字货币的发行框架、关键技术、发行流通环境及相关国际经验进行专项研究，力争在技术与知识储备上走在世界的前列。2016年，中国人民银行数字货币研究所正式成立，完成法定数字货币第一代原型系统的搭建。在此思路框架下，经国务院批准，中国人民银行自2017年年底开始数字人民币的研发工作，并依据资产规模和市场份额居前、技术开发力量较强等标准，选择大型商业银行、电信运营商、互联网企业作为参与研发机构。截至2021年6月30日，数字人民币试点场景已超过132万个，覆盖生活缴费、餐饮服务、交通出行、购物消费、政务服务等多个领域，公众也已逐步通过抽签领取红包的形式接触数字人民币的各个试点场景。

本章聚焦于公众对数字人民币关心的几个重要问题：第一，各国监管机构对比特币等数字货币都持以审慎严厉的态度，中国在持续禁止虚拟货币交易、挖矿等行为的基础上，为何却在央行数字货币的研发上走在前列？第二，中国的移动支付发达程度已在世界居于领先地位，为何还要推出数字人民币？数字人民币与第三方支付机构提供的支付手段有何区别？第三，数字人民币作为现金的数字替代物，对中国的经济环境和金融市场会造成什么深远影响?

  研发数字人民币的关键不在于货币本身的技术优越性,而在于与未来数字经济发展模式的深度融合,弥补旧货币体系与新数字经济的脱节。数字人民币的发展也将是循序渐进式的,短期内更注重普惠与安全,着力减小融入现有金融生态的摩擦。

一、数字人民币的推出基于何种考虑

◎ 中国支付行业的割据现状

随着数字经济占国民经济总量的比重不断提升,适配于数字经济的数字货币登上历史舞台具有必然性。各国央行发行央行数字货币既有推动数字化支付的考虑,又有巩固法币地位的目标。除了这些共同动机外,中国支付行业的割据现状也是数字人民币率先推出的一个重要因素。

中国支付市场的发展现状与其他国家有所差异,移动支付(而非借记卡、信用卡等传统金融机构提供的服务)已成为公众使用的主流支付方式。第三方支付机构的发展历史,是中国移动互联网迅速崛起的缩影。第三方支付机构依托于网购崛起,在网上交易信任匮乏的年代承担起担保交易的职责,以聚合性填补了中国信用卡市场的空白。此后,围绕支付场景,第三方支付机构向线下扩张,以先发优势与网络效应不断发展壮大。

根据艾瑞咨询的数据，2020年第四季度中国第三方移动支付交易规模增长至71.2万亿元，其中支付宝和财付通（微信支付）占第三方移动支付交易的份额合计超过94%，形成"双寡头"格局。然而，第三方支付机构繁荣的背后却存在三大隐患，或干扰金融稳定与安全：其一为信息黑箱。2017年"断直连"[①]前，第三方支付机构在多个商业银行开设备付金账户，而机构内余额的消费者交易记录并不透明。其二是备付金付息问题。第三方支付机构获取用户存放的大量流动性，却并不为此付息。其三为超范围经营。第三方支付机构通过在多个银行开设的备付金账户办理跨行资金清算，变相行使中央银行或清算组织的跨行清算职能。

2017年，监管部门启动"断直连"，先是设立网联覆盖第三方支付机构的交易记录，此后逐步提高备付金集中交存至央行的比例。2019年1月14日实现支付机构备付金100%交付央行，以此有效防止第三方支付机构主导的信贷无序扩张（如图6-1

---

① "断直连"是指第三方支付机构切断之前直连银行的模式，接入网联或银联。2017年1月，央行发布《关于实施支付机构客户备付金集中存管有关事项的通知》，规定自2017年4月17日起，支付机构应将客户备付金按照一定比例交存至指定机构专用存款账户，该账户资金暂不计付利息。首次交存的平均比例为20%左右。2018年发布的《关于支付机构客户备付金全部集中交存有关事宜的通知》进一步细化了相关操作细节。该通知指出，自2018年7月9日起，按月逐步提高支付机构客户备付金集中交存比例，到2019年1月14日实现100%集中交存，这被市场看作"断直连"大限；同时，支付机构应于2019年1月14日前在法人所在地人民银行分支机构开立"备付金集中存管账户"，并于开户之日起2个工作日内将原委托备付金存管银行开立的"备付金交存账户"销户。

所示)。如果说 2017 年的"断直连"是监管部门对于第三方支付机构潜在风险的事后应对,那么数字人民币则更像是在监管与创新赛跑途中的主动出击,将从更高维度上重塑支付格局。

随着数字人民币的使用,曾经在支付行业中占据主导地位的第三方支付机构将无法继续获得全部的用户交易信息;同时不具备银行资质的支付机构将只能流通数字人民币,而无法为用户提供承兑和赎回数字人民币的服务。由此,第三方支付机构的支付通道作用将有所弱化。从而可以从根本上营造一个公平竞争、健康有序的支付环境。

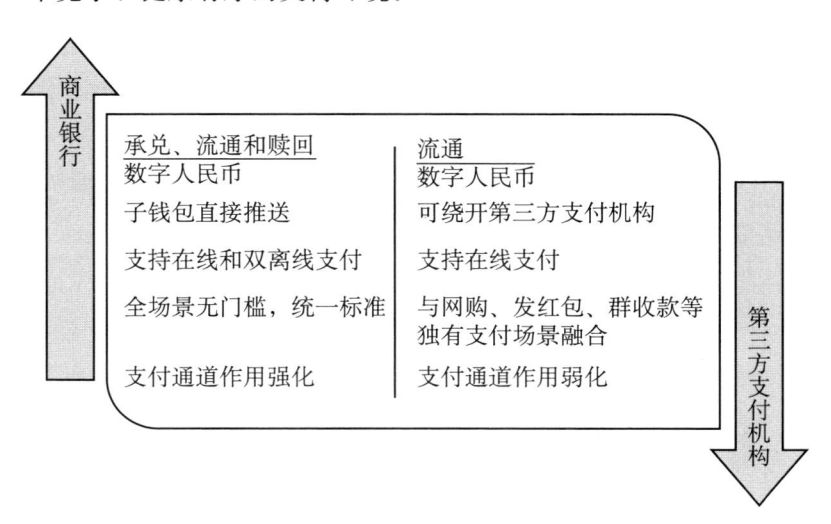

商业银行 ↑	承兑、流通和赎回数字人民币	流通数字人民币	第三方支付机构 ↓
	子钱包直接推送	可绕开第三方支付机构	
	支持在线和双离线支付	支持在线支付	
	全场景无门槛,统一标准	与网购、发红包、群收款等独有支付场景融合	
	支付通道作用强化	支付通道作用弱化	

图 6-1 依托于互联网的第三方支付机构独有优势将被削弱

资料来源:IMF,Wind,ICBCI Research。

◎ 数字人民币打造公平竞争的开放支付环境

数字人民币介入支付行业意不在竞争，而在于减少冗余嵌套。过去，市场对数字人民币存在一定的误解，认为数字人民币或将为了推广落地而不收取交易手续费，通过低价竞争改变人们的支付方式偏好，促使商家选用数字人民币而非第三方支付机构（支付宝和微信支付）及信用卡等传统方式支付。但事实上，数字人民币仅在向人民银行兑换的环节免费，而在流通环节仍将经由市场定价，即如果商家选用数字人民币作为支付方式，银行仍可能收取一定的费用。由此我们认为，数字人民币的推出对支付行业分润的影响，不在于以价竞争，而在于减少冗余中介环节，真正实现点对点的普惠金融服务。

具体的实现方式如下：第三方支付机构（如支付宝、微信）将在原先支持的支付方式中添加数字货币这一选项，比如，原先用银行的借记卡账户支付，现改用商业银行数字钱包中的数字货币支付。在此情形下，跟移动支付形成竞争关系的将是商业银行数字货币钱包，而原先基于互联网规模效应一面倒的数据及流量优势或将失效。

我们认为，公众将有理由直接使用商业银行的数字货币钱包：一方面，数字人民币的使用轨迹无法被商业银行追踪，对用户的隐私有较好的保护；另一方面，商业银行能够直接兑换数字人民币，还可以支持双离线支付的功能，给用户提供更多的便捷。当然，我们并不否认在社交场景下，发红包、群收款等应用场景仍为第三方支付机构独有，较难被替代。但从整体看，零售层面的支付壁垒与市场分割大概率将会被打破，第三方支付机构与商业银行将利用各自优势互为补充。

因此，数字人民币将数据主权让渡回央行监管的传统金融体系之下，同时强化市场机制在货币流通过程中的作用。伴随互联网企业的流量与数据优势逐渐失效，零售层面的支付壁垒与市场分割将会大概率被打破，符合资质的金融机构由此站在同一起点，开展围绕数字技术与创新能力的市场化竞争。

二、数字人民币与支付宝、微信

中国人民银行数字货币研究所所长穆长春在公开讲话中明确指出，数字人民币与支付宝和微信并不构成竞争关系，因为支付宝和微信是钱包，而数字人民币是货币，是钱包的内容。因此，理解数字人民币，需要首先明确它作为货币的重要属性。我们往往将数字人民币与 Libra、比特币等数字货币比较，却忽略其作为 M0（现金）数字化的本质。从公开资料看，与数字人民币拟合度最高的直接对标并非其他，而是现金。数字货币是传统货币基于数字经济时代的改造，无论在便捷性上还是在可操作性上，数字货币都比传统现金更胜一筹。数字化是武器，优势不言自明，但作为内核的"现金"特性却鲜有人评述。我们认为，只有抓住其"现金"特性的细节，方能正确理解数字人民币与我们熟知的电子支付的区别,从而对宏微观体系即将到来的变革形成客观认识。从现金的有限兑换性、匿名性、可传递性、不可重复花费性以及不可伪造性,我们大致能够推测出数字人民币的顶层设计。

◎ 数字人民币如何兑换

数字人民币采用"一币二库三中心"的运营框架(如图 6-2 所示)。"一币"是指仅有数字人民币一种央行信用背书的法定数字货币,仍是中心化结构,与人民币 1∶1 等价兑换。"二库"是指发行库与商业银行库两个数据库。数字人民币采用双层运营体系,即央行只管理发行库,与商业银行承兑,并不直接面向公众。"三中心"则分别指认证中心、登记中心与大数据分析中心。认证中心确认身份,登记中心记录流水与权属,两者互相独立。大数据分析中心则是对现有交易数据分析,把握实际的货币发行体量,从而实现精准的宏观调控。

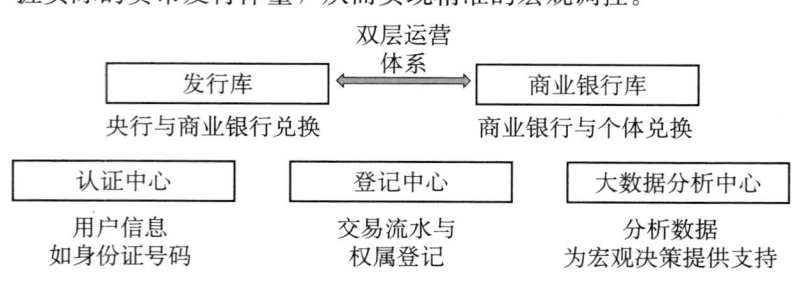

```
                       双层运营
                         体系
    ┌─────────┐    ←——→    ┌─────────┐
    │  发行库  │              │ 商业银行库 │
    └─────────┘              └─────────┘
   央行与商业银行兑换         商业银行与个体兑换

┌─────────┐    ┌─────────┐    ┌───────────┐
│ 认证中心 │    │ 登记中心 │    │ 大数据分析中心 │
└─────────┘    └─────────┘    └───────────┘
   用户信息      交易流水与        分析数据
 如身份证号码    权属登记    为宏观决策提供支持
```

图 6-2　数字人民币的"一币二库三中心"设计

资料来源:ICBCI Research。

数字人民币具有有限兑换性，公众只可在（指定）商业银行进行兑换。根据《人民币管理条例》的规定，商业银行能够配合人民银行办理人民币存取款。而对于非银支付机构，《网络支付管理办法》第九条规定，非银支付机构不得经营和变相经营货币兑换和现金存取等业务。同理，数字人民币也仅能由（指定）商业银行开展双向兑换业务，表现形式为：商业银行先将存放于央行的存款准备金兑换为数字人民币，公众再向商业银行申请实现银行存款向数字人民币的转化。在商业银行存款体系中，非银支付机构能够通过充值、提现等手段实现余额转化。但在数字货币体系中，非银支付机构并不具备将数字货币兑换为银行账户内存款的能力。同时，数字人民币发行基于存款准备金兑换，因而不影响基础货币供应量。基础货币包含流通中的现金、银行库存现金以及存款准备金，其发行一般仅能通过强制结汇或者财政手段实现，即货币发行需要资产作为储备。纸币或硬币的印制过程只是存款准备金与现金的转换，而并非凭空创造货币。数字人民币具有类似特点，其发行过程体现为，商业银行使用存放于央行的存款准备金向央行兑换，而不对基础货币供应量造成扰动。

◎ 数字人民币的可控匿名性

中本聪将比特币认定为一种点对点的电子现金系统，本质上借鉴了现金（包括纸币和硬币）的点对点物理支付方式，从而实现网络匿名性。数字人民币则具有可控匿名性：一方面，用户使用数字人民币的转账记录无法被单个商业机构追踪；另一方面，中国人民银行保留完整大额资金流向的记录，对于洗钱、犯罪等可疑交易行为可实现定点打击。

具体的实现方式是，数字人民币借鉴区块链中的公开密钥密码学技术，保证在钱包地址公开的同时隐匿用户身份。区别于比特币等数字钱包自动生成仅由用户掌控的公私钥，数字人民币钱包所生成的公私钥由央行和用户同步掌控，这也解决了用户在私钥丢失后无法找回资产的困扰。只要用户能够证明其真实身份，就能找回名下的数字人民币资产。在央行发放公私钥之前，用户需要在央行登记相关身份信息（手机号、身份证等），央行的认证中心将用来存放公私钥与用户身份的对应关系。公钥地址（类似于银行卡账号）用于标识拥有者，仅有与其对应的私钥（类似于银行卡密码）生成的数字签名能够验签，以此使用公钥地址下的数字货币。而央行的登记中心则用来记录交易流水，持有一个中心化的账本。由于交易信息将仅包含公钥地址信息而不涉及用户实名身份，同时转账交易或将伴随数字人民币的销毁与重新生成，单个商业机构无法追踪完整资金去向，从而实现交易匿名性。登记中心与认证中心通常相互独立，但如果洗钱、黑市交易等可疑迹象被大数据中心观测到，央行能够及时整合两部分信息，对资金全链条进行追踪，实现精准打击。

数字人民币的钱包还将采用"小额匿名，大额可溯"的设计，根据客户身份识别程度可开立不同级别的数字钱包（如图

6-3所示)。数字人民币可以在技术上实现小额匿名,仅通过手机号就可以开立钱包,而不用绑定任何一张银行卡。穆长春公开表示,尽管电信运营商也参与了数字人民币的研发,但根据有关法律规定,电信运营商不得将用户信息披露给央行等第三方。因此,用手机号开立的数字人民币钱包对于央行和各运营机构来说,是完全匿名的。但对于较大额度的交易来说,则需要向银行提供身份认证方能开启数字人民币兑换,以此防范大额可疑交易风险。

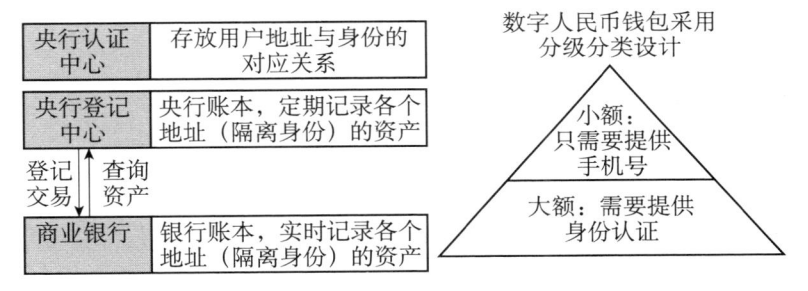

图6-3 数字人民币账户与通证相结合的折中模式

资料来源:ICBCI Research。

随着数字人民币的试点场景由线下拓展至线上,子钱包的独特设计也成为可控匿名性中的重要一环。第三方支付机构除了对金融稳定造成威胁外,还能追踪和获取大量的用户账户信息、交易信息和信用信息。它们通过分析挖掘用户的金融行为,向用户定制化推荐金融产品,侵犯了用户核心信息的隐私。数字人民币与多个电商平台积极展开合作。在数字人民币的线上消费场景,用户支付信息将会被打包加密处理后,用子钱包的形式推送至电商平台。一方面，用户无须在互联网平台输入自己的支付信息，有力地保障了隐私安全；另一方面，用户可以绕开第三方支付中介，直接使用数字人民币绑定的银行账户支付，实现支付的去再中介化。

◎ **数字人民币如何流通**

数字人民币在流通过程中也将尽可能拟合现金的特性。现金具有实时交易、统一共识的基础，其流转过程以实体钱包间的价值转移为表现形式，不受银行账户的制约，但缺陷在于无法脱离物理接触而实现。据公开资料推测，数字人民币将在保留现金这一特性的基础上弥合缺陷，交易同样不受跨行转账限制，且线上线下皆可实现简单快捷的货币流转。

第一，数字人民币支持双离线支付。现金使用不依赖于任何客观条件，而使用支付宝和微信支付等移动支付方式却离不开一个稳定的网络环境。虽然4G和5G网络已经基本覆盖了主要的城市区域，但仍有一些地方会出现信号不佳的情形，比如地下停车场、电梯和偏远地区。数字人民币在交易过程中，双方的终端都处于离线的状况下，只要设备有电，便可利用近场通信（near field communication，简称NFC）技术实现双离线支付。2021年7月，河南郑州发生极为罕见的特大水灾，断水断电叠加信号失灵，一切移动支付手段彻底失效。在此关键时刻，被人们遗忘已久的现金成了救命稻草。目前，数字人民币双离线支付仍然存在交易次数限制，在极端灾害情形下可能也无法长期使用，但郑州水灾警示了离线支付的必要性，数字人民币还需要在这一方向做出更多技术突破。

第二，数字人民币具有可传递性，不受跨行限制。用户在指定商业银行开通数字人民币钱包后，其交易支付并不受限于该银行，转账类似于可跨行的快捷电子支付。长久以来，支付宝和微信支付之间无法直接转账，只有通过绑定同一张银行卡才能实现资金的转移，严重影响用户体验。目前已知提供数字人民币兑换服务的指定商业银行仅有八家，支付宝所在的网商银行和微信支付背后的微众银行也在其列。由此，预计数字人民币推出之后，支付宝与微信支付将实现互联互通。需要注意的是，商业银行提供的钱包仅作为数字货币的载体，而数字货币的最终所有权均由央行登记中心的中心化账本确认。

◎ **数字人民币使用区块链技术了吗**

比特币之所以能够解决双花问题[1]，在于它使用了区块链技术。那么，数字人民币在解决这一问题时，是否采用了区块链技术呢？首先需要明确的是，数字人民币从整体设计上是中心化的，以央行为单一节点，并未直接使用区块链技术。然而，数字人民币却通过特定的发行管理模式以及技术架构，仍然保

---

[1] 在数字货币的世界里，钱只是一串数字，复制很容易，会出现一笔钱花两次的问题，称为双花问题。在现实世界中，纸币上有严格的防伪标识，很难复制，并且有银行这样的中心化权威机构确保交易的唯一性，因此不会有双花问题。

留了加密货币匿名性、安全性、不可伪造性、防双花等基本特征。

区块链实质是由一组技术组成，包含密码学、工作量证明、分布式账本、点对点传输、共识机制等应用模式。基于此，去中心化数字货币能够实现不可篡改、全程留痕、可以追溯、集体维护、公开透明等特点。而数字人民币能够保留传统法币的中心化特征，同时拟合去中心化数字货币的优秀特性，主要依赖于"一币二库三中心"的运营框架。

第一，借鉴UTXO（未花费交易输出）账本模式。传统银行账户发生交易时，两方账户各自在余额基础上加减，而UTXO模式下只记录交易本身，表现在数字人民币上为：将付款方的数字货币作废，而收款方的数字货币生效，可大幅降低数据存储量。数字人民币在央行中心化账本中拥有唯一编号及格式，且包含所有者信息，保证了现金体系中的每一个发行的数字货币都已被标记属主（如图6-4所示）。如果发生转移，原属主的数字人民币将被销毁，同时生成包含新属主信息的数字人民币。双离线支付情形下，预计将采用TEE（可信任执行环境）作担保，采取事后追责方式，且大概率不满足二次流转要求以保证央行中心化账本的统一性。

第二，采用非对称加密技术实现数字人民币的可控匿名性。在比特币等一般加密货币中，公钥是用户的地址，而私钥（即用户签名）由用户自己创建和保管，以此保证交易的匿名性。而在数字人民币中，由央行通过认证中心分配给用户钱包一个

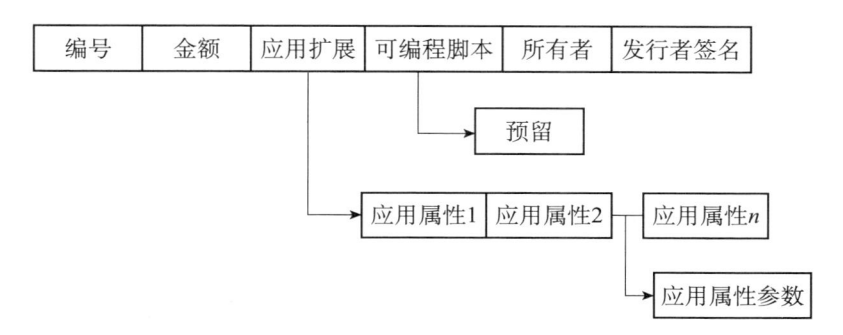

```
┌──────┬──────┬────────┬──────────┬────────┬──────────┐
│ 编号 │ 金额 │应用扩展│可编程脚本│ 所有者 │发行者签名│
└──────┴──────┴───┬────┴────┬─────┴────────┴──────────┘
                  │         └──────►┌──────┐
                  │                 │ 预留 │
                  │                 └──────┘
                  │         ┌──────────┬──────────┬──────────┐
                  └────────►│应用属性1 │应用属性2 │应用属性n │
                            └──────────┴──────────┴────┬─────┘
                                                       │
                                                       ▼
                                              ┌──────────────┐
                                              │应用属性参数  │
                                              └──────────────┘
```

图 6-4 数字人民币表达式结构

资料来源：《中央银行数字货币原型系统实验研究》，ICBCI Research。

私钥，以此证明用户身份，登记中心则确认数字货币是否归属于这个用户，以两者分立的模式同样达成交易匿名性。但认证中心与登记中心同属于央行体系，针对可疑的交易记录，仅有央行拥有最终权限追踪，可有效遏制洗钱等不法交易。在纸币的世界中，为了防止假钞流通，真钞在细节上做特殊标记，并辅以一定的防伪手段加以验证，如验钞机。数字人民币也将同样拥有验钞手段。在数字人民币的发行过程中，央行将使用私钥对其进行签名，而商业银行的钱包将会内置与央行私钥相匹配的公钥，以验证存放于钱包中的数字人民币是否为央行发行。

第三，可拓展智能合约技术。智能合约是指满足预先设定的条件、可自动执行的脚本，常见于以太坊等区块链。比如，以太坊创作者在社区上传某个作品，而预先设定观看者达到某个数量后给创作者以太坊作为激励。而在数字人民币的定向流通过程中，可同样采用智能合约技术。在央行数字货币研究所的专利中，提及了四种数字人民币生效触发条件，分别可以基于经济状态、贷款利率、流向主体与时点条件触发。在智能合约基础上，数字人民币的流通将具有精准定向的属性。

此外，数字人民币保留的中心化特征大幅提升了交易效率，能够快速应用于日常交易。数字人民币以央行为单一节点，去除了传统加密货币每个节点确认每笔交易的冗余步骤，也大幅提升了交易效率，具有每秒30万笔交易的处理清算能力。相比之下，已经宣告失败的Diem则以多个商业公司为节点，从属于联盟链，白皮书中称将支持每秒1 000笔交易。而公有化的比特币每秒只能处理大约7笔交易，无法满足日常交易需求。

◎ 数字人民币的融合与改良

从全球视角看，许多国家推出央行数字货币的主要目的在于提升支付效率，而中国的电子支付已全面下沉，因而数字人民币更注重效率与安全的统筹兼顾，维护数字经济时代公共法币与私人机构的均衡性。如果将数字人民币放入国际清算银行的金字塔模型中观测，不难发现，数字人民币并不拘泥于某一种特定已有的技术路线，而是广泛吸取其他国家的研发经验，针对国内支付市场的现实痛点做出新的尝试，同时对跨境支付提前设想了破局之策。

在运营架构上，数字人民币采取的是博采众长的双层运营体系。值得一提的是，虽然和电子支付一样，数字人民币的流通环节由中介机构完成，但央行保留所有数字人民币的资产副本，在中介机构发生破产或出现技术故障时，公众仍然可以追回自己持有的数字人民币资产。

数字人民币在账本模式上同样做出了创新。姚前在《区块链与央行数字货币》一文中提到，"在中央银行和商业银行的二元模式下，一方面将核心的发行登记账本对外界进行隔离和保护，同时利用分布式账本优势，提高确权查询数据和系统的安全性和可信度；另一方面，分布式账本仅用于对外提供查询访问，交易处理仍由发行登记系统来完成，这就通过业务设计的方式有效规避现有分布式账本在交易处理上的技术性能瓶颈"。由此可见，数字人民币并未直接套用分布式账本技术，而是将其仅用于验钞，提高确权数据的安全性与可信度；而在交易写入层面，各银行未必需要实时更新同一账本，与央行总账本的汇总允许存在一定时滞，以此来规避分布式交易处理的性能瓶颈。

在获取方式上，数字人民币采用的是一种账户与通证相结合的折中模式，旨在实现有限匿名和基本普惠。在匿名需求上，数字人民币借鉴了加密技术保证用户地址与身份 ID 的隔离，并且通过向电商平台推送子钱包等方式，实现支付信息的加密处理。但是，这种加密技术同样经过改良，相较比特币私钥（密码）复杂且只有所属者知晓，数字人民币的公私钥（地址与密码）均由央行分发，一方面便于用户找回丢失密码，另一方面也有助于央行监测不法交易，更符合公众的实际需求。

虽然数字人民币的初始定位是零售型数字货币,并将主要在国内的日常高频交易场景使用,但最终数字人民币或将走向世界。数字人民币采用"账户松耦合"模式,对于一定额度下的使用并不要求账户绑定,因而能够支持小额跨境支付。对于大额的商业往来,数字人民币则正在积极探索多边央行数字货币桥的应用。

三、数字人民币将带来什么影响

◎ 数字人民币发行规模会有多大

学术测算下,数字人民币的发行规模或将超过 2 万亿元。数字人民币整合商业银行和第三方支付机构等各类支付渠道,并依托于已经成熟的线上线下支付场景全面渗透。结合数字人民币可在事业单位作为各类补贴的发放形式,数字人民币的普及速度或将超出预期。基于支付宝当前约 65% 的全民渗透率,我们预计十年内数字人民币渗透率将逐步达到 70%。值得注意的是,虽然渗透率高,但为了防止出现"狭义银行"及潜在的挤兑风险,数字人民币单人的平均持有额度将始终受限。公开资料显示,匿名情形下的数字人民币总余额上限为 1 万元,实名使用上限则为 50 万元,如要获取更高额度,可能还需要额外的登记手续,因此数字人民币主要覆盖的仍是日常消费需求。基于 70% 的渗透率以及单人平均持有额度 2 000 元的假设测算,

2030年数字人民币发行数量或将超过 2 万亿元，占基础货币比重约为 6%。而从交易层面看，数字人民币的年支付额或将超过 20 万亿元，占社会总消费比重超过 20%。

◎ 数字人民币是通胀还是通缩因素

数字人民币是对央行备付金制度的传承，整体呈通胀中性。2017 年，央行明确要求，非银支付机构应将部分客户备付金交存至指定机构专用存款账户。2018 年年初，备付金集中交存比例上升至 100%。非银支付机构为日常小额交易场景提供了便捷的服务，降低了人们对现金的持有意愿，因此在备付金制度出台之前，更多 M0 转化为活期存款进入商业银行存款体系，通过货币创造扩大广义货币（M2）规模（如图 6-5 所示）。但是，在备付金制度出台后，由现金转化而来的账户余额不再进入存款体系，而是交由央行统一管理，成为基础货币的一部分，不再参与货币创造。数据显示，2017 年以前，随着支付宝和微信支付的普及，流通中的现金占基础货币的比重逐年下降，而在备付金制度出台后，这一比重开始回升。

从技术角度分析，伴随商业银行存贷关系的发生，基础货币的数量不会产生变化，而是体现为存款准备金和 M0 之间的此消彼长，因此，现金与存款准备金之间的转化能够一定程度上衡量出货币创造的深度。但是，我们需要关注存款准备金增减的来源，如果是由 M0 转化为存款准备金，说明存贷关系发

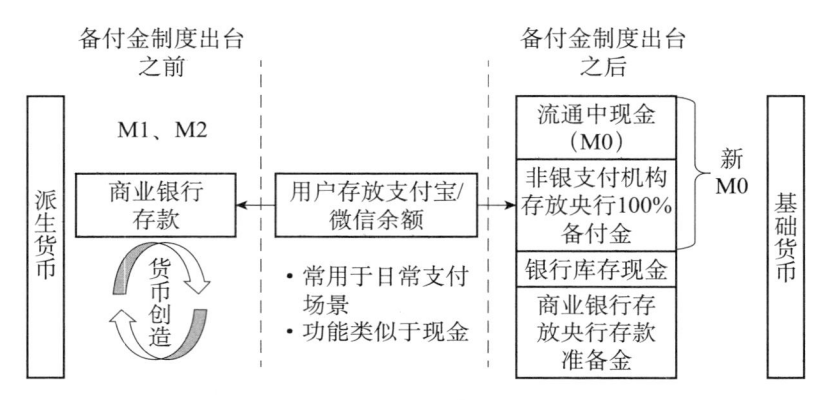

```
备付金制度出台                    备付金制度出台
   之前                              之后
                                ┌─────────────┐
         M1、M2                  │ 流通中现金   │
派  ┌──────┐    ┌──────────┐    │   (M0)      │  新  基
生  │商业银行│◄──│用户存放支付宝│──►├─────────────┤  M0  础
货  │ 存款  │    │/微信余额  │    │非银支付机构 │      货
币  └──────┘    └──────────┘    │存放央行100% │      币
      ↻货币创造    · 常用于日常支付 │  备付金    │
                    场景          ├─────────────┤
                  · 功能类似于现金  │银行库存现金 │
                                ├─────────────┤
                                │商业银行存   │
                                │放央行存款   │
                                │准备金      │
                                └─────────────┘
```

图 6-5 第三方支付机构 100%备付金制度的潜在影响

资料来源：Wind，ICBCI Research。

生，理论上 M2 上升；而如果超额存款准备金增加，则说明存贷关系消减，M2 下降。数字人民币去向全程可追溯，也能够帮助监管部门实时监测存款准备金增减的来源，从而更好地把握货币动态。数字人民币在日常小额交易场景替代 M0，与 100%备付金制度推出的思路一脉相承，即用于日常小额交易的钱仍然保持纸币特性，尽量不要过多参与货币创造。从数据推测，央行或将流通中的现金（包含备付金）与基础货币之比控制在 30%左右。因此，从整体看，数字人民币推出可能促使支付宝和微信的余额转移，但并不会有明显的通胀或通缩效应。

◎ 数字人民币对传统金融机构影响几何

中国人民银行副行长范一飞撰文指出："数字人民币的推

出，不会构成对商业银行存款货币的竞争，不会增加商业银行对同业拆借市场的依赖，不会影响商业银行的放贷能力，也就不会导致'金融脱媒'现象。"因此，我们认为，数字人民币在推广过程中将更注重提升渗透率，而非增加人均持有规模。我们预计，到 2030 年数字人民币的渗透率可能达到 70%，但人均持有金额或仍与当前第三方支付机构余额基本持平。国际清算银行报告也指出，央行数字货币能通过两种手段减轻存款替代效应。第一种是数量手段，即设置央行数字货币的最大持有量或者在特定时间段内的交易量。公开资料显示，匿名情形下的数字人民币总余额上限为 1 万元，普通实名使用上限为 50 万元；同时，对单笔转账消费限额、日累计和年累计转账消费限额均有所规定，如要获取更高额度，还需要额外的登记手续。第二种则是价格手段，即对央行数字货币不付息或者设置负利率，降低公众对央行数字货币的持有意愿。数字人民币在现阶段主要替代 M0，不提供利息补偿，相比银行存款也并不具备回报吸引力。另外需要注意的是，中国支付市场的发展现状与其他国家有所差异：移动支付（而非借记卡、信用卡等传统金融机构提供的服务）已成为公众使用的主流支付方式。电子货币（包括余额宝等货币基金）对银行存款的挤出效应在过去数年已经凸显。在使用场景不变的情形下，推出数字人民币的附加效应并不会很强。

事实上，相比对传统金融系统的负面影响，数字人民币的激励促进作用或将更为明显。数字人民币既然是适配数字经济的新型金融基础设施，随之也将促进国内金融系统的整体升维。一方面，数字人民币将发挥"鲶鱼效应"，为全新金融基础设施的搭建注入新鲜血液，激励传统金融机构加速数字化转型。伴随商业银行底层IT系统的改造升级，各部门之间的数字协同将更为流畅，全流程数字化有望带来业务办理效率和风险管理能力的双重提升。另一方面，数字人民币也催生"倒逼效应"，数字人民币加速金融系统的迭代升级，倒逼传统金融机构在业务探索中引入科技元素，在注重优化客户端使用体验的同时，全面提升风险识别能力，开发适应数字经济时代的领先金融服务。在数字人民币营造的起点公平的竞争环境下，金融科技企业的既有经验也为传统金融机构的数字化转型提供了样本和参考，助力金融机构跳脱出传统模式谋求进化。如果公众的电子支付习惯能顺利过渡到数字人民币，打破互联网企业的流量垄断优势，那么传统金融机构有望凭借良好的风险控制能力推进多元化业务的发展，成为互联网金融下一阶段发展的主力军。

四、数字人民币的拓展空间

◎ 数字人民币的可编程性

数字人民币要实现真正意义上的有效流转，需要把握用户不断变化的需求，凭借独特优势改变用户的支付习惯。从已披露的信息来看，数字人民币具有一定的前瞻性，展现出了满足用户现在和未来需求的潜力。在未来的潜在用户需求上，可编程性将成为数字人民币重点开发的特性。

《中国数字人民币的研发进展》白皮书指出，可编程性是指通过加载智能合约，在确保安全与合规的前提下，可根据交易双方商定的条件、规则进行自动支付交易，促进业务模式创新。智能合约的概念最早是由跨领域法律学者尼克·萨博在1995年提出的，"智能"意味着自动化与编程；"合约"则对应着合同，里面记录了发生的条件与执行的条款。自动售货机是最典型的一种智能合约，当使用者选择要购买的货物并完成支付之后，出货逻辑就会被触发，使用者随之拿到货物。整个过程无须人工介入，完全自动化执行处理。但是，这种单纯的智能合约也容易出现问题，其背后的代码如果被人更改，可能会引致严重的后果。而这正好是区块链擅长解决的——在分布式环境下保证电子记录不被篡改。2013年，以太坊问世，它和比特币最大的不同即在于可通过智能合约执行复杂的逻辑操作，与智能合约结合后的区块链不再服务于单一的货币支付，而是延伸到了生活的方方面面。因此，数字人民币与智能合约的结合令人期待，它不仅将有助于宏观政策工具的创新，还将开拓数字经济业务发展的新模式。

◎ 数字人民币与政策工具创新

传统的货币政策与财政政策以总量型为主，大开大合向实体经济的传导存在时滞，资金流向难以监测，易引发金融系统的资金空转。此外，在疫情冲击、经济衰退、金融风险的三重压力之下，各国政策空间也逐渐逼近极限。

2020年，中国的"直达性"经济政策成为创新亮点之一，货币政策强调"直达实体经济"，财政政策强调"直达市县基层"。所谓"直达"，一是要迅速，二是要精准。数字人民币的推出将以自主可控助力政策直达，成为打破传导时滞、实现精准滴灌的重要工具。其一，数字人民币完善了对发行货币全流程的监测，有望为央行提供更为详尽的资金循环信息，并通过定向使用、智能合约等内嵌功能，实现流动性投放的精准化、结构化，并抑制资金的套利空转。其二，数字人民币的可追溯性与可拓展性，为政策定向传导提供了技术支持。例如，此前财政补贴通过银行账户体系下发至各级政府，地方政府再将资金定向分配至纾困企业与人群，但由于地方政府向上汇报存在时滞，或出现资金下达效率较低以及资金使用偏差的情形。而在应用数字人民币的理论情境中，央行能够追踪每笔资金是否合理使用，并在资金抵达终端用户后，关闭追踪功能以保护用户后续使用的隐私。通过智能合约，数字人民币可根据经济状态、贷款利率、流向主体和时点条件触发，以低成本实现"直升机撒钱"，提升金融服务实体经济的能力。其三，作为货币政策的传统枷锁，"流动性陷阱"有望被数字人民币所抑制。基于中国人民银行数字货币研究所的专利技术，在一定条件下，央行能够根据回收时点的经济信息调整金融机构的数字货币归还利率。这意味着，经济衰退时期捂币惜贷的金融机构或将触发"惩罚性利率"，促使其加速将资金投入到实体经济的"内循环"之中，最终削弱"流动性陷阱"。

◎ 数字人民币与业务模式创新

在支持数字经济发展的层面，数字人民币已涌现了不少可供探索应用的新场景，有望激发数字经济的全新活力。

第一类是协议支付。虽然水电费、话费及信用卡还款等各类传统场景已经支持自动代扣代缴，但我们仍需要借助一个可信第三方进行资金的托管与结算，在此过程中用户数据往往不可避免地被第三方机构所掌握。加载智能合约的数字人民币则能有效替代第三方机构，以公开透明、安全可靠、可控匿名的方式直接实现交易双方的点对点清结算，更好地控制用户数据的收集与利用。

第二类是微支付。数字人民币有望与区块链技术融合确认数字产权，缔造新的业务收入流转模式，实现创作者经济的内容货币化。在过去的互联网平台经济模式之下，分发平台攫取了大量创作者创造的价值。比如，用户在苹果应用商店的消费，30％归于苹果公司，相当于应用开发者必须向苹果公司缴纳30％的税。而可编程性将帮助创作者直接与消费者签订合约，减少对分发平台的依赖，使创作者获得更多的利益份额。

第三类是产业支付。过去十年，平台型的消费互联网快速发展，但其本质仍着眼于提升传统经济活动的效率，且日前已呈现出流量红利见顶的展开期尾部特征。随着数字经济时代来临，以万物互联互通为核心的产业互联网有望成为新一轮产业革命的主导力量。产业支付与产业互联网相伴相生，基于产业互联网更高的数量级与更强的机密性，产业支付也需要给出相适配的新型解决方案。数字人民币所带来的支付清结算系统升级，恰好与区块链全程可追溯的特性耦合，有助于打造安全、高效、互信的升维支付环境，激发数字经济的新一代潜能。2021年3月1日，北京微芯区块链与边缘计算研究院与中国人民银行数字货币研究所签署战略合作协议。双方将基于我国首个自主可控的区块链软硬件技术体系"长安链"，推进数字人民币的企业应用。基于自主可控的"长安链"推进数字人民币的企业应用，将从根本上解决企业与企业之间的支付与可信问题，赋能产业互联网加速进化。

第四类是公益支付。比如在"双碳"出行领域，美团联合中国邮政储蓄银行、中国农业银行、中国建设银行共同发起了"用数字人民币，享低碳骑行季"碳中和公益主题数字人民币试点活动。这一活动将数字人民币的创新功能和场景与碳减排的社会公共价值进行了有机结合，使用者可以通过记录低碳出行行为兑换数字人民币，并用于日常共享单车的支付。统计显示，在同样的时间周期内，用户开立数字人民币个人钱包后的绿色出行频次，比开立前平均要高出3.34%；同时，开立数字人民币个人钱包用户的绿色出行频次又要比普通用户平均高出8.14%。

第七章

数字人民币如何走向世界

删繁就简三秋树，领异标新二月花。

——郑板桥

人类经济社会的重大突破，往往诞生于另辟蹊径之中。中国在全球经济系统中的重要性与日俱增，2020年中国GDP占全球GDP总量的比重为17%，货物贸易进出口总额占比超越美国达到13%，而人民币在外汇储备、外汇交易、全球支付、贸易融资和证券计价等多个方面，却与美元存在较大差距。国际货币基金组织（IMF）2020年发表的一篇实证研究论文称，在成为国际储备货币的几个影响因子中，货币使用惯性以及金融连接是决定性因素，贸易相关性则相对较低。因此，即使过去十年中国在全球价值链中的地位显著提升，美元的全球储备货币地位也并未受到冲击，人民币国际化仍然道阻且长。不过，IMF研究也给我们提示了人民币快速破局的可能性。除了在国际金融市场提升投融资载体的地位，央行数字货币的推出将是人民币挣脱惯性、快速破局的另一重要力量。纵观全球央行数字货币的最新进展，中国推出的数字人民币是一种领先的零售型央行数字货币，试点规模已上亿元。在发行或开启试点的八国中，中国的经济实力与既有货币实力均位于前列。此外，数字人民币并未止步于国内交易场景，逐步考虑将零售型与批发型应用相结合。展望未来，多边央行数字货币桥或将成为国际数字货币体系的一种重要形态，而人民币有望依托于此在国际货币新格局中占据先发优势。

一、数字货币跨境支付畅想

数字货币天然具有跨境支付的功能，数字人民币走向世界料将成为下一个发展阶段的主题。值得我们关注的是，与信用货币不同，智能化的数字货币主导的新一代国际货币体系将会呈现多元化、多层次的特征。因此，在讲述数字人民币的具体跨境应用之前，我们先来回顾现有跨境支付模式存在的痛点，同时展望新一轮数字货币升维竞争将会如何改进，并呈现哪些可能的形态。

当前的国际货币体系仍是以美元为核心的霸权结构。世界银行及国际货币基金组织数据显示，美国占全球经济的比重已经由1960年的约40％下降至24％，但美元在全球外汇储备中的比例仍在62％的高位。自第二次世界大战结束以来，美元本位制的建立统一了各国之间贸易流通的货币，助推了国际贸易的繁荣，但以单一通用货币结算的跨境支付尚存不足，在数字经济主导的新时代背景之下缺陷再被放大。

我们已经在前文提到，大多数国家在旧有货币体系中寻求超越效果甚微，美元仍然是全球最主要的储备货币。而数字货币作为一个新位面的竞争者，将带来全球货币的大洗牌，即便是美元也需要做出变革以适应数字经济时代的需求。在这一过程中，所有国家和货币有望站在同一起跑线上，凭借技术与理念优势颠覆既定货币格局。

无论是比特币还是天秤币 Libra（现已更名为 Diem），其最初的设想都是成为一种新型世界通用货币，解决当前跨境支付的种种痛点。而伴随央行数字货币的初露峥嵘，公有部门也跻身参与到这场新型货币竞争之中。相比信用货币在形式上的统一性，数字货币在技术架构上有较大的选择空间，不会收敛到同一标准，因而数字经济时代全球储备货币之选将不再局限于国家单一维度的竞争，而是进阶至区域、公私乃至经济主义的多维博弈。

究竟哪一种能胜出？

我们认为，在包含数字货币的尝试中，未来的跨境支付都将受益于支付效率的提高以及风险敞口的收窄，而根据"币"和"链"的机动性呈现四种形态（如图 7-1 所示）。此处"币"指的是使用货币，"链"对应的则是承接货币的基础设施。在当前的国际信用货币体系中，"链"可被视为受美国实际管辖的 CHIPS 清结算系统以及 SWIFT 报文系统。

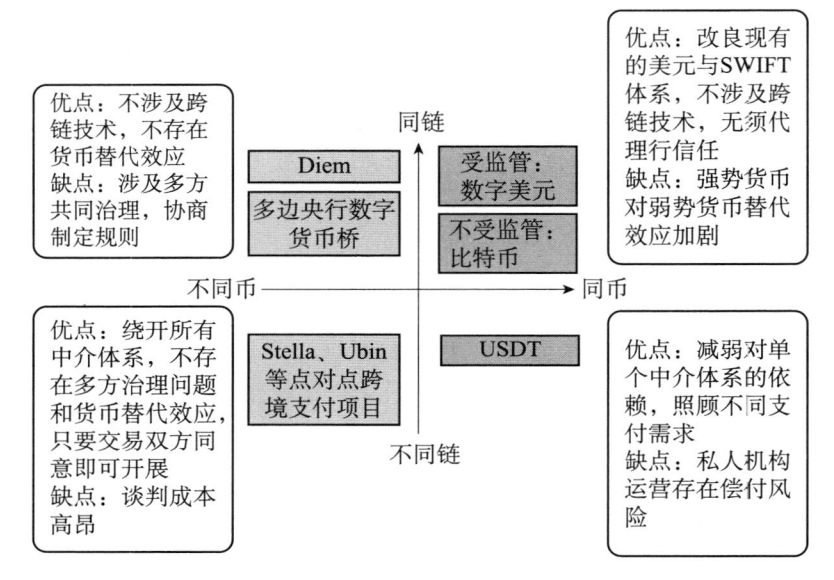

图 7-1 央行数字货币的跨境支付畅想

资料来源：ICBCI Research。

第一象限是同币同链的形态，以数字美元为典型代表，立足于完全统一的标准体系。事实上，当前的国际信用货币体系便接近于这种形态：从货币的角度看，跨境交易结算的主流货币是美元；而从链的角度看，跨国美元交易均要通过美国管辖的 CHIPS 和 SWIFT 对接。此种情形下，掌握了关键货币主导权的美国能够对特定国家切断国际支付渠道，实现有效的金融制裁。进入数字货币时代，如果美元凭借过去的强势地位率先数字化，那么同币同链的构造将仍有可能延续。国际货币基金组织在报告《跨境数字货币：对宏观金融的影响》（*Digital*

Money Across Borders：Macro-financial Implications）中指出，如果未来全球仅使用单一央行数字货币跨境支付，将不会改变现有世界储备格局，反而会继续强化美元的渗透。原因是，数字美元仍基于美元，却带来支付效率的大幅提升。由于央行数字货币无须依赖银行账户，相较传统法币更易于快速获取，强势货币对于弱势货币的替代或进一步加剧。而美联储发布的数字美元白皮书中也强调"要使美元保持储备货币地位"以及"美国应该而且必须在这一新的数字创新浪潮中发挥领导作用"。

第二象限是同链不同币的形态，也就是币链分离的混合架构，典型代表为 Diem 和多边央行数字货币桥。虽然第一种形态理论上可能延续，但是随着越来越多的国家重视自己的货币主权与货币政策独立性，数字货币的变革更可能是一种改变现状的颠覆性力量。我们认为，同链不同币的架构是一种兼顾支付效率与国家意愿的选择。Diem 在监管受阻之后首次提出了币链分离的混合架构，不仅支持与单一的美元、欧元等主流货币挂钩，还声明此后可以对接各个央行的数字货币，旨在提供"为数十亿人服务的金融基础设施"。类似的还有数字人民币正积极参与的多边央行数字货币桥，虽然各央行数字货币可能基于自身的不同标准发行，但在"走廊网络"上发行的存托凭证，可以实现基于单一账本的交互。这种模式不需要依赖于尚未成熟的跨链技术，同时各国央行均可发行自己的数字货币来保护货币主权。上述架构的挑战在于，Diem 和多边央行数字货币桥涉及共同治理的问题。Diem 的支付标准由数十家跨国公司共同制定，多边央行数字货币桥则由参与国商讨，由于企业和国家多以自身利益诉求为先，理念并不容易达成一致。

第三象限是不同币不同链的形态，一般被用于两个国家一对一的支付，双边对接具有完全的设计自由度，比如各国央行试验的 Stella 和 Ubin 项目。欧洲央行和日本央行联合开展的 Stella 项目在第三阶段针对同步跨境转账试验了五种转账方法，结果表明，不论央行数字货币采用中心化账本还是分布式账本，都存在相对应的解决方案来完成跨境同步结算，而不同的转账方法在流动性效率和安全性等方面也具有不同优先级。同样地，新加坡金融管理局主导的研究项目 Ubin 在第四阶段提出了三种同步跨境转账的概念设计，分别是中间人、同时使用国内国外两种网络以及多货币结算体系。由此可见，两国央行不同币也不同链的跨境支付是设计自由度最大的一种形态，其具体方法可以根据实际需要做出调节。虽然不同币不同链能够量身定做以满足任意两国之间的跨境支付需求，但由于缺乏统一的标准体系，在多重嵌套的区域全球化体系中存在较高的谈判成本。

第四象限是同币不同链的形态，旨在提供单一货币的多种支付方案，比如全球最大稳定币 USDT（泰达币）。稳定币是指与当前法定货币直接挂钩的数字货币。值得注意的是，USDT 虽然锚定美元币值，但仅提供了一个稳定的币值锚，已知它在四条公链上发行，并不受到美国政府的约束和管制。试想，倘若在传统法币体系中，美元能够不经由美国独有的 CHIPS 系统实现清结算，那么美国实现金融制裁的可行性将相应下降。此外，不同链的设计映射在跨境交易上也有差异。比如，依托于比特币网络的 USDT 安全性最好，但速度慢。而基于 TRC20 的转账速度最快，而且链上转账不需要手续费，但安全性比较差，适用于小额交易。这种形态的好处是，仍然使用一种通用货币简化了货币之间转换的烦琐步骤，同时实际的跨境支付可以兼容多种方式，能够有效避免金融制裁。然而，稳定币由私人机构运营，不属于央行负债，其承兑存在较高风险，比如 USDT 的项目方 Tether 虽然保证每发行 1 个 USDT，将会以 1 美元作为底层资产储备，但由于账目公开透明性差而常被人诟病。

　　比较上述四种形态不难发现：如果未来世界经济要走向开放平等，需要尽量避免第一象限内"同币同链"形态的延续，而重在开发其余三个象限的跨境支付形态。Diem 和多边央行数字货币桥的"同链不同币"架构能够兼顾支付效率与货币主权，但全球货币体系完全收敛至同一标准链尚存一定难度。USDT 的"同币不同链"架构锚定美元但又不依赖于美元清结算设施，但完全由私人机构运营仍然存在风险，项目方 Tether 的美元资产 1∶1 的储备真实性常受到质疑。Stella 和 Ubin 项目的"不同币不同链"架构设计自由度最高，能够完全适配于双边的支付需求，但对于区域全球化而言谈判成本偏高。适应于全球价值链的多中心格局，在现存的四种形态之上，我们或将看到更高层次的融合，以区域为核心的"多桥并行"货币新格局有望最终形成。

二、人民币国际化为何迟迟难以突破

在美国占全球经济比重不断下滑的同时,中国在全球经济系统中的重要性却在与日俱增。2020年中国占全球GDP总量的比重为17%,货物贸易进出口总额占比更是超越美国达到13%。而人民币在外汇储备、外汇交易额、全球支付、贸易融资和证券计价方式等多个方面,却与美元存在较大差距(如表7-1所示)。人民币国际化缘何迟迟难以突破瓶颈?国际货币基金组织的一项实证研究或能帮助我们找到相应解释。

表7-1 中国在全球的货币地位与其经济地位严重不对等

维度	项目	美国 占比	美国 排名	中国 占比	中国 排名
货币地位	外汇储备(2020年第4季度)	55.2%	1	2.1%	5
	外汇交易额(2019年)	44.2%	1	2.2%	8
	全球支付(2021年2月)	38.4%	1	2.2%	6
	贸易融资(2021年2月)	87.1%	1	1.3%	4
	证券计价方式(2020年)	全球约2/3的证券以美元计价			
经济地位	GDP(2020年)	24.8%	1	17.0%	2
	货物贸易出口(2020年)	8.1%	2	14.7%	1
	货物贸易进口(2020年)	13.5%	1	11.5%	2
	货物贸易进出口总额(2020年)	10.8%	2	13.1%	1

资料来源:IMF,BIS,WTO,ICBCI Research。

◎ 人民币国际化的历史

在我们的传统认知里，货币的国际使用情况应该和贸易紧密挂钩。如果全球供应链都严重依赖于一个国家的进出口，那么出于方便，使用这个国家的货币结算是理所应当的。然而，国际货币基金组织通过对历史数据归因发现事实并非如此，在跨境支付中占据重要地位的贸易结算对于货币国际地位并不存在显著影响，而货币使用惯性以及金融连接性才是真正的决定性因素。美国的历史经验同样佐证了这一结论。早在1870年，美国经济总量便超越英国。1900年，美国成为第一大贸易国，但当时美元的国际地位仍然无法与英镑相提并论。1914年，美联储诞生，美国的银行承兑票据市场得到快速发展，美元的国际化也就此顺畅了起来。因此，经济实力与贸易规模固然重要，但高度流动的发达金融市场对于货币国际化更加不可或缺。这解释了为何中国在过去数十年间已经发展为全球第一大贸易国、第二大经济体，而人民币国际化却仍然止步不前。

人民币国际化的起点需要追溯到2009年7月21日。当时，政府部门颁布改革措施，声明在跨境贸易中使用人民币结算享有与美元同等的退税待遇，由此开启了人民币国际使用的新篇章。从历史进程上看，人民币国际化可以分为三个阶段：

第一个阶段是快速追赶期（2009—2015年）。这一阶段人民币国际化的核心逻辑是依托于贸易结算提升人民币的国际使用率。根据SWIFT数据，2011年人民币在国际支付的全球市场份额仅为0.3%左右,而到2015年已上升至2%。在香港离岸金融市场上,人民币存款一度超过1万亿元,在全球范围内达到2万亿元的水平,人民币汇率也总体上持续攀升。但是,正如国际货币基金组织的研究中所提及的那样,贸易结算职能对于货币国际地位的提升影响并不显著,因此依靠这一途径推动人民币国际化存在上限,人民币国际化此后陷入瓶颈期。

第二个阶段是相对调整期（2015—2017年）。在这一时期,人民币国际化面临停滞。2015年8月11日,央行宣布调整人民币对美元汇率中间价报价机制,更加真实地反映当期外汇市场的供求关系,而非单边升值。恰逢2015年"股灾",人民币汇率出现了较大的向下波动,作为应对,对于人民币的资本管制开始加强,导致人民币国际化进程放慢。这也从侧面体现出资本自由流动程度对人民币国际化的重要性。因此,无论数字人民币的技术多么领先,如果它不被允许在境外使用,那么它对于人民币国际化仍然无所裨益。

第三个阶段是关键转型期（2017年至今）。境外市场主体持有人民币的动机由贸易结算工具转换为投资增值资产,人民币国际化开始具有更强的金融属性。与此同时,人民币在岸市场发挥出日益重要的作用,深港通、沪港通等持有的人民币计价资产额出现大幅提升。截至2021年5月,外资持有A股市值已超过25 000亿元,占流通A股比例近4%。这一阶段,人民币国际化逐渐把握住问题的本质所在,通过打造高流动性、开放的金融市场提升人民币的吸引力,鼓励外国机构和个人更多持有人民币。

◎ 推动人民币国际化的要素

上述三个阶段揭示出一个道理：推动人民币国际化的要素有二，意愿与实力缺一不可。在第一阶段，意愿与实力兼备。政府大刀阔斧的改革以及中国加入WTO后的经贸硕果，促成了人民币国际地位从零开始的迅速提升。第二阶段，政府选择资本管制以应对人民币的贬值压力，导致人民币国际化开始放缓，尽管此时中国的经济增速仍位居全球前列。第三阶段，政府重启人民币离岸市场与在岸市场的同步发展。2021年1月4日，央行等六部门联合发布了《关于进一步优化跨境人民币政策 支持稳外贸稳外资的通知》，该通知涵盖推动更高水平贸易投资人民币结算便利化、进一步简化跨境人民币结算流程、优化跨境人民币投融资管理、便利个人经常项下人民币跨境收付、便利境外机构人民币银行结算账户使用五个方面的内容，推出十多条举措。但彼时人民币国际化逻辑已经从贸易结算转向金融载体，从实力的角度看，我们必须正视中美之间金融市场的发展差距，人民币在旧有体系中的国际化程度遭遇上限。

在全球化迭变与双循环建设的内外因素交叠之下，中国正着力打造更高水平的对外开放经济新体制，而金融对外开放是重要课题。除了加强互联互通机制、提升在岸人民币资产的吸引力，离岸人民币市场建设同样是发展关键所在。其中，中概股回归与"一带一路"沿线国家的上市需求或是不错的新切入点,以此催生出以人民币计价的证券市场发展红利,从而提升人民币在国际金融市场上投融资载体的地位。但不可否认的是,中国与美国金融市场之间的差距难以在短期内消除,尤其在市场化程度和开放程度上。根据国际货币基金组织的数据,全球大约三分之二的证券以美元计价发行,发展中国家75%的银行贸易和外债以美元计价,美国金融市场的开放深度毋庸置疑是全球最高的。因此,仅凭金融市场开放的稳步推进,人民币想在旧有体系中追赶美元,并不现实。

三、数字人民币开启人民币国际化新时代

以央行数字货币为代表的科技进步将成为国际储备货币快速挣脱惯性的重要力量。央行数字货币在跨境支付和券款对付领域具有传统法币无法比拟的优势,料将成为重要破局者。1920年以来,美元在国际储备货币体系中的地位不断巩固,形成了强大的货币使用惯性,人民币在旧有的竞争体系中确实难以取得突破性进展。然而,在新一轮的数字货币全球大洗牌中,所有国家的数字货币都将重回同一起跑线,而数字人民币则有望凭借先发技术优势与数字经济竞争力脱颖而出。

对金融系统而言,央行数字货币的优势不只在于提升支付效率,更在于降低风险敞口。2014年,英国央行在《支付技术

创新和数字货币兴起》(*Innovation in payment technologies and the emergence of digital currencies*)一文中提出了一项重要发现：比特币等加密货币所采用的分布式账本技术，通过去中介化降低了传统金融系统的信用风险和流动性风险。2008年，信用风险与流动性风险失控引发全球次贷危机；2020年，新冠肺炎疫情之下流动性危机昨日重现，带来大类资产普跌的金融巨震。这些足以说明这两大风险的威慑力。借鉴加密货币点对点的设计，央行数字货币是中央银行的数字形式负债，相比商业银行存款体系中的货币，将降低基于中介机构的信用风险和流动性风险，这也是其与合成型央行数字货币[①]等货币数字化手段最大的区别。

这一特性在国内面向公众的零售支付中的相对优势不明显，却能解决传统金融体系中券款对付以及跨境支付的痛点。在券款对付领域，新加坡央行研究项目Ubin第三阶段试验发现，使用分布式账本技术可以缩短证券结算周期，实现全天候实时结算（目前，新加坡证券市场的结算周期是"T+3"），从而收窄交易对手和流动性的风险敞口。在跨境支付领域，传统金融系统采用的代理行模式耗时长且费用高（如图7-2所示）。国际清算银行的年度报告中提及，通过传统代理行体系，一笔200美元的跨境汇款平均成本（以112个国家为样本）高达交易总额

---

① 合成型央行数字货币是指代理运营机构向中央银行存缴100%备付准备金，随后在其账本上发行相应数额的数字货币，但仍是私人机构负债，不是央行负债。支付宝、微信支付就属于合成型央行数字货币。

的10%。而时差又导致各个国家银行系统的开放时间不一致，资金滞留易引发信用风险、结算风险以及流动性风险。在Stella、Ubin等主流央行数字货币研究项目中，哈希时间锁合约被广泛运用，以实现跨境支付的去信任化，即用户无须将资金交给第三方托管机构，而是点对点实现跨境、跨货币的同步交收。此外，交易须在指定时间内完成，否则资金将自动退回原账户，从而有效避免恶意拖延交易的情况。

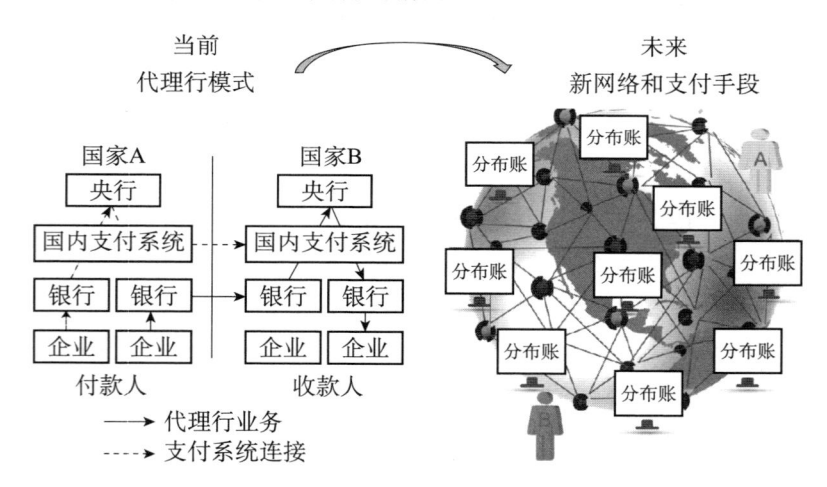

图7-2 CBDC有助于减少对代理行的依赖，大幅降低风险敞口与提升支付效率

资料来源：IMF. Digital Money Across Borders：Macro-financial Implications，ICBCI Research.

上述在多家央行已经展开的央行数字货币研究项目多为批发型，即在央行与金融机构之间使用，旨在提升金融机构在跨境支付、券款对付等领域的结算效率。而另一种零售型央行数字货币则直接面向公众推出，主要服务于境内支付现代化的目标。一直以来，央行数字货币采用零售型还是批发型的设计方案并未有定论，但零售型央行数字货币改革更为激进，直接面向公众影响范围更大，存在"狭义银行"的潜在扰动风险（遭遇危机时期，银行存款大量向央行数字货币转移，造成挤兑），实际推进较为缓慢。根据国际清算银行的统计，仅有巴哈马和东加勒比国家组织的央行正式发行了零售型央行数字货币，而同期已有11国央行在批发应用上取得实际成果。

数字人民币的比较优势

中国央行推出的数字人民币是一种领先的零售型央行数字货币，试点规模已达数亿元，说明央行在数字货币研发上不仅具有很强的行动力和执行力，还体现出超前的胆魄和思考。中国人民银行数字货币研究所所长穆长春在公开讲话中提到，数字人民币的初心是推动金融普惠的发展。中国人民银行副行长李波在博鳌亚洲论坛上明确指出，数字人民币的目标绝不是要取代美元或者其他的国际货币。从多位央行官员的公开表述来看，数字人民币的初期建设并不是为了推动人民币国际化，而主要是改善国内日常的支付场景。然而，数字货币天然具有跨境支付的属性，数字人民币未来走向世界也是必然。

在发行或开启试点的国家中，中国的经济实力和既有货币实力均位于前列。在设计上，数字人民币采用"央行—商业银行"双层架构，面向公众的实时支付仍由金融机构处理，中央银行定期汇合并更新账本。虽然主要仍采用以银行账户为基础的支付模式，但不同额度下的账户松耦合也保证了有限匿名性。此外，数字人民币并未止步于国内交易场景，正在考虑将零售型与批发型应用相结合，占据国际货币新格局的先发优势。

多边央行数字货币桥的机遇与挑战

中国人民银行与中国香港金融管理局、泰国央行和阿联酋央行共同发起的多边央行数字货币桥研究项目，可能将成为未来国际数字货币体系的一种重要形态。相比大同小异的传统法币，央行数字货币的设计机制可选择机动性强，发展进度参差不齐，因此，新的国际货币体系需要考虑如何将不同形态、不同阶段的央行数字货币融合。根据国际清算银行的报告《多边央行数字货币的安排与跨境支付的未来》（*Multi-CBDC Arrangements and the Future of Cross-border Payments*）中所述，多边央行数字货币桥中建立共享的统一标准的"走廊"网络，各国央行可以将本国数字货币在网络中发行存托凭证，实现在网络中的单账本交付。而对于没有推出央行数字货币的国家，其中央银行的法币结算系统也可以接入"走廊"网络。这种形态能够绕开以美元为基础的 SWIFT 体系，对货币弱势国家的主权形成保护，同时有助于实现亲诚惠容的国际贸易合作。

但是，该报告中也提出了新的挑战，多边央行数字货币桥需要参与的各国央行共同治理并协作制定标准，从这个意义上说，多边央行数字货币桥的参与方数量将受到限制，根据全球价值链的多中心格局可能会出现"多桥并行"的货币新格局。数字人民币将零售型与批发型有机结合，有望成为这一新格局的领头羊,并收窄零售型央行数字货币直接点对点跨境支付的人民币对外风险敞口。

四、国际货币体系升维洗牌

◎ 新一代国际货币体系之争

数字货币的个体进化进入加速时期,彼此竞争进入同维阶段。2009年比特币诞生后,国际支付体系出现了由私人主导的新生力量。2019年,互联网公司脸书发布Libra白皮书,意在构建商业化的私人货币体系。其"超主权"和"超银行"属性引发强烈争议,世界各国央行由此提速对数字货币的研发与设计,央行数字货币开始广泛进入大众视野。根据国际清算银行的统计,当前超过86%的国家央行对央行数字货币投入关注,其中,中国、瑞典、巴哈马等国已发起试点测试。

最初,Libra不仅企图绕开现有的国际货币框架体系,还企图绕开现有的银行金融系统,以私人运营的方式构建公平的全球数字经济基础设施,却因遭到成员退出与监管阻挠而一再搁置。2020年4月,Libra2.0白皮书发布,增加大量合规设计,其中最具标志性的就是引入单一法定货币稳定币之举。Libra与单一主权货币(如美元)挂钩,虽是理想向现实的妥协,却是以退为进,在主权信用的支持下增强稳定性,推动其实质性落地。

与 Libra 的勃勃野心不同，中国的数字人民币则是由主权信用背书，展开循序渐进式的攻势。虽然中国央行推出的数字人民币旨在建立境内的现代化支付标准，现阶段不以改进跨境支付为主要目标，但是数字货币与生俱来具有跨越物理阻隔的特征，数字人民币在未来的跨境支付新体系中能够发挥的作用不容忽视。虽然 Libra 与数字人民币基因存在显著差异，却在开启自我进化的过程中殊途同归，由此新一代国际货币体系的升维竞争已然开始。

◎ 数字货币走向世界的三大要素

我们至今仍然身处新一代升维竞争的初期，尚不知哪一种形态最终会发展为公认的国际货币体系。在野蛮生长的早期，数字货币也和其他投机项目一样，总是充斥着泡沫与欺诈。所谓"真金不怕火炼"，只有在经历了时间的洗礼与考验之后，真正有价值的数字货币才会脱颖而出。我们认为，数字货币要想走得更远，需要具备以下三个要素：

第一，数字货币需要受到合规的监管。在 2009—2022 年的十余年间，数字货币的种类从仅有一种比特币发展到成千上万种，但在市值起起伏伏的每个周期里，有许多红极一时的山寨币最终销声匿迹，价值归零。2022 年美联储的猛烈加息刺破了数字货币的泡沫，很多隐藏的庞氏骗局在牛市时春风得意，在融资成本急剧上升去杠杆的过程中却成为资本的围猎对象。这也让我们引以为戒，看起来机制美好、技术超前的数字货币在没有法律保障的蛮荒之地可能只是一场黄粱美梦。无论是美国将 USDT、USDC 等私人稳定币纳入已有监管体系，还是中国直接由央行发行数字人民币的做法，都是为数字货币赋予法律意义上的保证，加大对使用者的保护。

第二，数字货币需要深度融入现实场景。数字货币的本质是为了满足数字经济时代的交易需求，而并非资产的炒作。正是由于传统的跨境支付效率过低且价格昂贵，人们才使用比特币来进行跨境交易。因此，数字货币的发展不能舍本逐末，为了追求技术公平而将机制设置得过于复杂，还是需要让更多的普罗大众参与使用，与实际应用场景相融合方能体现出其价值。当前的加密货币市场中，充斥着许多并无实际意义的数字货币，比如特斯拉首席执行官马斯克所推崇的狗狗币就正是以无意义而著称，而事实上这些停留在资本市场炒作的货币最终都经不起时间的检验。

第三，数字货币需要尊重历史规律、顺应时代大势。客观上看，数字人民币并不具备美元的强大使用惯性。此外，中国境内的互联网生态虽然在过去十年获得了长足发展，但国际化程度仍然相对滞后。因此，数字人民币要以"同币同链"或"同币不同链"的形态与美元在国际上竞争，既不现实也没必要。中国央行官员也多次在公开讲话中强调一个观点：研发数字人民币的目标并不是替代美元，而是先专心做好数字经济时代的基础设施，至于最终是否会成为国际上的标准，还是交由市场选择。

我们相信，未来的数字经济将走向开放、融合与发展，而非禁锢、侵略与倒退，货币亦如是。在国际竞争合作中，即使不同国家数字经济的发展存在先后和强弱，也要优先尊重他国公民的数据主权、税收主权和货币主权。因此，升维竞争不再是货币的互相替代，在竞争中寻求合作也是数字货币的应有之义。

从目前的研发和试运行情况来看，数字人民币基本符合上述三个条件。但我们也需要认识到，未来的国际货币体系可能并不再是单一货币主导，数字人民币和人民币国际化的最终目的均不是为了替代美元，而是制衡现有的美元霸权结构，打造未来更普惠、更平等的全球金融基础设施。数字人民币如果要在国际推行，大概率采用第二种"同链不同币"的形态，即与其他多国央行协同合作，甚至帮助其他国家研发本国的数字货币，以更高效、更安全的方式进行跨境转账。从实力上看，数字人民币重在扬长避短，依托于数字经济与技术先进性先发制人，把握独特优势顺势而为，为央行数字货币的全新格局制定全球规则。经济基础决定上层建筑，适应全球价值链的多中心格局乃大势所趋。在现存的四种形态之上，我们或将看到更高层次的融合，以区域为核心的"多桥并行"货币新格局有望最终形成。

第八章
数字经济与数字货币的生物多样性

横看成岭侧成峰,远近高低各不同。

——苏轼

第八章　数字经济与数字货币的生物多样性

新冠肺炎疫情加速了数字经济与数字货币的进化，同时也激起了"去全球化"的浪潮。如果说过去二十年全球经济一体化是促进经济增长的重要因素，那么时至今日，不同国家的政策走向与经济规划已经出现显著分化，并演变为时下境内外投资者最为关心的议题。面对新一轮升维竞争下的数字经济与数字货币，全球主要经济体将如何做出应对呢？本章将主要从中美两国的认知与态度差异入手，从几个层次推测数字经济与数字货币在全球视野下可能演变的趋势。2021年3月，元宇宙第一股Roblox在纽交所风光上市，元宇宙俨然成为下一代数字经济的发展方向。而自2021年10月开始，中国的虚拟美妆博主柳夜熙凭借三个作品吸粉超800万，成为中国元宇宙的代表作品。美国的Roblox是面向青少年的游戏平台，中国的柳夜熙则是充满未来科技感的虚拟人，两者之间的差异反映出：一千个人眼里，有一千种元宇宙。在数字货币层面亦如此。2021年，中国在多个地区清退了大量的比特币挖矿活动，并严格禁止虚拟货币交易；美国则着手制定稳定币和加密资产的监管框架，力求将虚拟货币纳入现有监管体系。由此可见，从经济基础到金融体系，再到生态应用，整个世界都正因数字经济发生翻天覆地的变化。数字经济并不是脱离现实的虚拟经济，相反，它与每个人的工作生活息息相关，洞悉这些重要变化有助于我们先人一步调整人生规划并把握投资机会。

一、中美理解的元宇宙大不同

本书第三章已经对元宇宙进行了一系列讨论,在本节我们将不再局限于解析元宇宙概念本身,而是以更宏大客观的全球视野解答一个新的问题:当我们谈论元宇宙时,我们在谈论什么?一千个人眼中有一千个哈姆雷特,元宇宙亦如此。随着元宇宙热度的不断提升,越来越多的人正在加入关于元宇宙的激烈讨论之中,然而不同群体对元宇宙的具体设想逐渐出现巨大的分歧。

◎ 元宇宙的定义因人而异

我们对谈论元宇宙的人群进行分类,可大致将其分为三类:首先是元宇宙的直接建设者,包括移动互联网时代的科技巨头和蓬勃发展的科技新锐;其次是元宇宙的投资者,他们从财务投资的角度支持元宇宙的发展并期望获得高额的投资回报；最后是元宇宙的潜在参与者，他们的身份是学者、作家和公众人士。

　　总结发现，目前人们对元宇宙的认知主要分为四种类型：第一种是维基百科定义的在线 3D 虚拟环境，也可以理解为"互联网＋超沉浸式虚拟现实"。在这个元宇宙中，增强现实和虚拟现实所能提供的沉浸式体验将是关键要素。第二种是"互联网＋共享状态"。酷炫的前端体验并不是必要的，元宇宙需要成为一个高度可互操作的、去中心化的开放虚拟世界，重点在于打破 Web2.0 时代的封闭与垄断。第三种是沙安·普里提出的奇点时刻，即元宇宙是时间而非空间的概念，它标志着人们的数字生活价值大于物理生活的那一刻。第四种则是形而上学的元宇宙，认为元宇宙的本质是刺激人类体内多巴胺等物质的生成，提供现实世界无法提供的高端刺激（如图 8-1 所示）。

　　元宇宙之中还隐含了利益纠葛与规则制定的多重博弈。在移动互联网时代，数据使用和匹配算法均由提供闭源协议的科技企业制定，元宇宙则将带来利益的重新分配与规则制定权的轮转。由此，我们就容易理解为何元宇宙建设者和投资者的整体论调偏正面，而参与者中则出现了更多的批判声音。从本质上来说，在元宇宙的新一轮洗牌中，建设者和投资者更有可能为自身谋求利益或者成为规则制定者，而参与者往往只能选择被动接受。延伸到元宇宙的具体设想内容，不同人群的立场同样有助于我们解读个中差异。

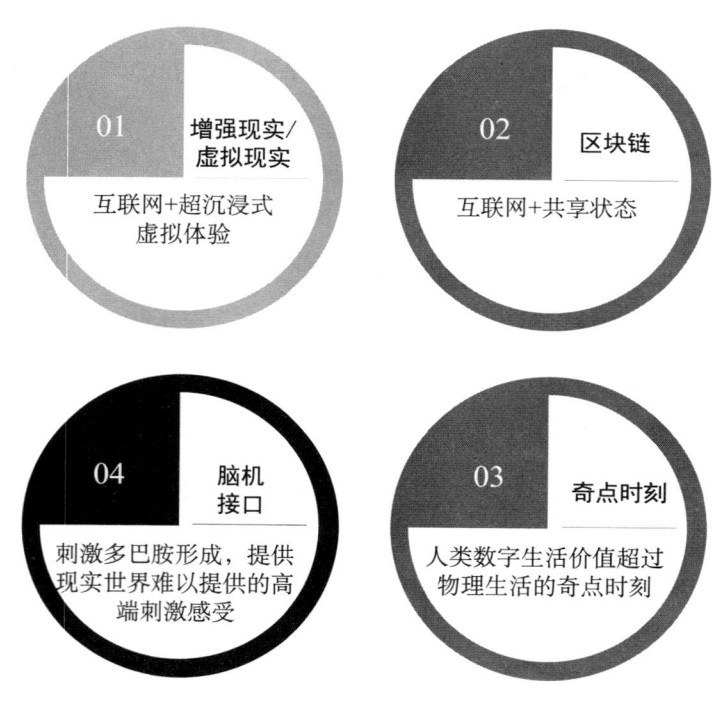

01 增强现实/虚拟现实
互联网+超沉浸式虚拟体验

02 区块链
互联网+共享状态

04 脑机接口
刺激多巴胺形成,提供现实世界难以提供的高端刺激感受

03 奇点时刻
人类数字生活价值超过物理生活的奇点时刻

图 8-1 人们对元宇宙的不同理解

资料来源:ICBCI Research,Wind,Roundhill Investment。

比如,身为挑战者的科技新锐大多不认可扎克伯格描绘的元宇宙,并且直接指出 Meta 公司非但不能改善现在移动互联网的问题,甚至还会加剧权力垄断,尤其是当他们发现脸书主推的虚拟现实设备 Oculus 已经逐步偏离了"开放"的原则,正通过独占游戏内容打造新的垄断墙时。

此外,区块链与加密货币利益相关人士则会突出区块链与数字货币在元宇宙中的作用，把去中心化而非增强现实和虚拟现实看作元宇宙的核心。

作家是一类相对特殊的群体。一方面，他们走在思想创意的前沿，在科幻作品中提出了最早的元宇宙原型；另一方面，他们描写虚拟世界往往并不是出于对美好未来的幻想，而意在以反乌托邦式的讽刺对人类进行警示。因此，当他们发现书中的假设可能成为现实时，毫无疑问他们将会提出反对的声音。

值得关注的是，即使同为移动互联网时代获得成功的企业，脸书和苹果公司也对元宇宙表现出截然不同的态度。脸书大刀阔斧地改革，以改名为 Meta 来展现自己转型元宇宙的决心，正是因为脸书当前尚未建立操作系统和硬件设备的优势，转而寄希望于将增强现实/虚拟现实设备作为全新世界的入口。而苹果的首席执行官库克则表现得相对理性，他表示不扯新概念，只谈增强现实。正如我们所知，苹果采用硬件与软件同步发力的策略，利用苹果系列产品以及 IOS 系统的赢利模式趋于稳定，开发者如果想将游戏在 IOS 应用商店上架，则需要给苹果 30% 的收入分成。因此，苹果显然不想割裂已经建立的在硬件行业的领先地位，而希望后续推出的虚拟现实眼镜可以与现有硬件系统兼容发展。

◎ 中美元宇宙的差异

讨论单一现象可能存在幸存者偏差，如果我们把目光聚焦于样本众多的资本市场，就会发现国别之间更具代表性的差异。

Meta公司首席执行官扎克伯格说,尽管元宇宙能否代表下一代互联网在业界尚存争议,但其在金融市场已经成为时下追逐的热点。

我们对Wind发布的A股元宇宙指数以及美国元宇宙指数(Roundhill Ball Metaverse ETF)的成分股进行整理分析,发现算力和应用软件是中美投资者达成较高共识的板块,但除此之外,中美投资者布局元宇宙的侧重点存在显著不同(如图8-2所示)。在A股元宇宙指数中,游戏和消费电子(包括但不限于增强现实/虚拟现实)占比分别高达24%和19%,是当之无愧的投资焦点;而在美国元宇宙指数中,两者占比仅为5%和9%。相较具体的元宇宙概念游戏,美国元宇宙ETF更热衷于投资支持游戏研发的游戏平台,占比达到19%;而中国A股目前尚且缺乏成熟的此类标的。此外,A股元宇宙指数的云计算公司占比仅为4%,而美国ETF在云计算上的布局约为23%。

尽管中国的大型科技企业并不在A股上市可能是造成上述差异的一部分原因,但理论上拥有更多投资标的的港股市场并未出现元宇宙概念的爆发。因此,我们认为,上述构成差异更多折射出的是中美投资者对元宇宙的不同理解。按照Roblox的官方说法,元宇宙产品应具备八大要素:身份、朋友、沉浸感、低延迟、多元化、随地、经济系统、文明。中国投资者落棋于元宇宙的"沉浸感",押注消费者为追求沉浸式体验的实际投入增量,游戏和消费电子均直接面向消费者,游戏是增强认同感与使用黏性的超级数字场景,而消费电子是增强沉浸感的硬件载体。美国投资者则偏向于认为元宇宙是一个功能性完整的开

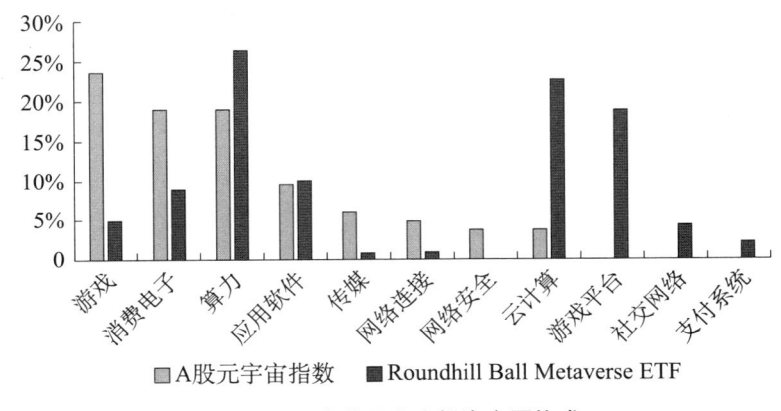

图 8-2 中美元宇宙投资主题构成

资料来源：ICBCI Research，Wind，Roundhill Investment。

放经济体，只需要构筑好底层设施，内生经济循环即会自发开启。中国投资者更关注短期元宇宙落地的可能，美国投资者则偏重长线的基础性布局。据此，我们也可以判断出，中国元宇宙的应用场景落地速度将更快，爆发期靠前，但伴随技术和模式更迭，可能需要频繁换仓。而美国投资者重点部署元宇宙基础设施与功能性平台，投资回报周期相对较长。

◎ **元宇宙的技术与伦理**

值得注意的是，目前中美投资者在元宇宙的布局均尚不完整（如表 8-1 所示）。元宇宙不只是更具沉浸感的移动互联网复刻，更是一个与现实世界发生交汇的平行虚拟时空，技术上如何实现是一方面，道德伦理的约束则是另一个左右发展进程的关键变量。

表 8-1　中美在二级市场的元宇宙布局均有所欠缺

投资角度	投资标准	投资领域	A股元宇宙指数	Roundhill Ball Metaverse ETF
技术	由虚向实	游戏、消费电子（AR/VR）	重点布局	有所涉及
技术	由实向虚	基础引擎、数字化身（Avatar）	未涉及	重点布局
道德	弘扬善的连接	开源平台、区块链、数字货币	未涉及	有所涉及
道德	抑制恶的交互	网络安全、隐私计算、区块链	有所涉及	未涉及

资料来源：ICBCI Research。

从技术角度看，元宇宙投资主要在"由虚向实"和"由实向虚"两个方向。由虚向实，对应的是从数字世界向物理世界的延伸，通过沉浸式的感官冲击，包括但不限于游戏、视频和直播等形式，以认同感吸引大量消费者加入，激发虚拟体验与现实世界的交互潜力。任天堂发布的增强现实游戏《Pokemon Go》已经展示出虚实结合的多种玩法，比如借助任务模式引导玩家前往特定地点，或是与品牌联动发放限量版商品的入场券。沿着这一方向，值得投资的领域主要是增强数字体验的方式，也就是A股的追逐热点游戏与增强现实/虚拟现实。

由实向虚，指向的是从物理世界向数字世界复刻的过程。在移动互联网时代，文字、图片和视频均以2D形式呈现。而元宇宙为了尽可能拟真现实世界，需要通过激光雷达、3D建模等方式制作出更逼真的虚拟场景，高度还原现实世界的物理规则，在这一过程中还包括对人的虚拟化（数字人）。这个方向的投资领域主要是基础引擎和数字化身（Avatar）等，而这一部分恰是美国元宇宙 ETF 的聚焦点。

从道德角度看，元宇宙投资需要在两个维度展开：第一是要弘扬善的连接。理性人在经济活动中的目标是自身利益的最大化，因而在元宇宙建立之初，经济的可持续运行、生态的不断丰富离不开有效的经济激励机制。在移动互联网时代，信息不对称和交易成本的持续降低，已经使得以个人为单位的价值创造变得可行，开拓出全新的创作者经济模式。但由于互联网中间商利用市场地位捕获了超额价值，个体全方位释放价值的积极性有所降低。比如，游戏开发公司 Epic Games 指控苹果通过垄断游戏应用商店收 30% 的"苹果税"，对游戏开发者的创新动力形成抑制。除了寄希望于政府的强制干涉，我们还可以通过技术改变这一现状，借助数字货币与区块链的激励机制实现价值的完整捕获与传递，让平台真正将收入控制权交还给开发者。

第二则是要抑制恶的交互。传统游戏的虚拟空间由中心化的游戏公司缔造，"一键重启"模糊了生命权的界限，而虚拟财产尚未在真正意义上属于个人，游戏公司拥有对个人虚拟财产的绝对处置权。因而在完全独立于现实的前提下，侵犯他人基本权利的行为通常不受限制。但随着元宇宙连接起物理世界与虚拟世界，非同质化通证（NFT）将数字商品标记为私人拥有，我们需要重新审视虚拟犯罪行为的边界。显然，我们无法容忍在虚拟世界中收藏的 NFT 艺术品被人抢夺（黑客入侵），也不能接受自己的所作所为时刻被人监视（隐私权侵犯）。因此，网络安全和隐私计算是元宇宙不可或缺的部分，甚至应该先行于技术的表达。我们发现，A股投资者已经关注到了网络安全这一主题，而美国的元宇宙指数中尚未纳入。

◎ **元宇宙在资本市场的动态进化**

资本市场通过自我学习加深了对元宇宙的理解。自从被称为"元宇宙第一股"的 Roblox 于 2021 年 3 月在纽交所上市之后，元宇宙便开始成为海外市场的关注热点。但在中国，元宇宙概念的真正爆发却要追溯到 2021 年 8 月末。8 月 29 日，字节跳动宣布收购虚拟现实公司 Pico，元宇宙迅速受到投资界的广泛关注，概念热度从一级市场蔓延至二级市场，由此我们将这一天视作中国元宇宙概念热潮的第一轮起点。10 月 28 日，脸书改名为 Meta，再度引发市场与公众热议，质疑与思辨的声音随之迭起，我们将此视作元宇宙第二轮热潮的起点。A 股的元宇宙概念股收益率表现具有显著的阶段性、结构性特征。在第一阶段（8 月 29 日—10 月 28 日），由于元宇宙概念酷炫却定义不明，资本市场投机情绪浓厚，元宇宙概念的炒作高度集中于少数几家与游戏和 5G 相关的公司，而其他大多数相关细分领域的收益率均为负数，元宇宙指数的整体收益率为－2.0%。而进入第二阶段（10 月 28 日—11 月 15 日），脸书改名事件加强了元宇宙与现实落地的联系，投资者在质疑声中开始认真思考更完整的元宇宙图景。虽然当前仍处于第二阶段的早期，但截至 11 月 15 日，元宇宙指数的收益率达到 22.1%，而同期沪深 300 指数的收益率为 0.4%。结构上也发生了较大转变，投资热点不再局限于游戏和 5G，元宇宙各细分领域都收获了不俗的表现，其中表现最好的是增强现实/虚拟现实相关企业、数字出版以及游戏引擎。这也体现出二级市场投资者对元宇宙的认知在不断进化，虽然投机情绪并未消退，但投资者已经不止步于短期概念的炒作，开始深入挖掘具有强可塑性和真正价值的元宇宙题材。由炒作热点延伸到具体要素，资本市场快速的自我学习与价值驱动也让我们看到了元宇宙最终落地的可能性。

不同市场对元宇宙题材的反应时间和挖掘深度不同，存在市场间的套利机会。虽然中国与美国市场都在炒作元宇宙题材，但两者的投资风格存在显著的差异：第一是时间差。海外投资者对元宇宙题材的投资启动时间整体要早于 A 股市场，但 A 股市场的爆发速度更快。海外元宇宙指数（Roundhill Ball Meta Index）从 2021 年 6 月至 9 月总体呈缓慢上涨趋势，Wind 发布的 A 股元宇宙指数前期持续振荡走弱，但 9 月题材走热时仅在一周内就迅速赶超了海外元宇宙指数的收益。10 月初，海外元宇宙指数启动第二轮行情；A 股元宇宙指数则是在 10 月 28 日脸书改名事件后迅速走强，如今收益率已经超过海外元宇宙指数。这也反映出中国与海外市场投资风格的差异，中国资本市场更热衷于短时间内的题材炒作，海外市场则偏向于细水长流。第二是结构差。通过对比海外元宇宙指数与 A 股元宇宙概念股的成分差异，我们发现 A 股投资者对元宇宙概念的挖掘深度要显著强于海外投资者。比如，虽然投资者均认可增强现实/虚拟现实是元宇宙的重要外接设备，但海外元宇宙指数中涉及这一领域的公司只有脸书（Oculus 还并非脸书的主要赚钱业务），相比之下，A 股投资者正在充分挖掘产业链各环节的标的。经统计，A 股元宇宙指数中与增强现实/虚拟现实相关的公司达到 21 家，其中不乏 Oculus 和 Pico 的供货商。此外，能称得上数字内容产业（游戏除外）的公司只包含了迪士尼（Disney）和 Bilibili，甚至未涵盖推出大热元宇宙剧集《鱿鱼游戏》的奈飞（Netflix）。我们认为，时间差和结构差将会随之带来套利机会。一方面，海外元宇宙指数可作为 A 股元宇宙行情启动的先行指标；另一方面，A 股投资者深度挖掘的题材或将成为海外市场的前车之鉴。

二、中美数字货币大局观

◎ 数字货币监管是重要命题

现在决定未来，位置决定态度。我们正处于传统国际货币体系向全新数字货币时代进化的历史转折点。虽然现存数字货币的形态万千，但其最终走向并非无迹可寻。中美现阶段货币地位、发展阶段与市场氛围的差异，正在左右各自应对数字货币变革的路径选择。以货币为基础，中美数字经济的未来也将呈现不同形态：中国强调公私的"分工分层"，一步到位明确创新方向，确保公有部门主导下一代互联网基础领域的有序管理，为私人部门专注于应用创新创造充足条件；美国则注重公私的"竞争协同"，自然演化孕育创新机会，不严格区分基础领域与应用创新的公私分工。

关于数字货币监管的争论有两个重要问题：第一是以资产为主要属性的数字货币应如何监管？第二，未来以货币为主要属性的数字货币应该姓公还是姓私，抑或是公私共存？我们在第四章中已经明确了数字货币的分类，其中比特币、以太坊等虚拟货币属于以资产为主要属性的数字货币，而稳定币和央行数字货币则以货币为主要属性；稳定币由私人机构发行，而央行数字货币则是公共货币。此处我们继续深入探讨中美两国的数字货币监管方式，具体政策梳理如表8-2所示。

表8-2　　　　中美对数字货币的各项政策

项目	中国	美国
虚拟货币	全面禁止加密资产交易：2013年发布《关于防范比特币风险的通知》，各银行和支付机构必须切实履行客户身份识别义务，不得为相关活动提供账户开立、登记、交易、清算、结算等产品或服务；2021年6月，人民银行就银行和支付机构为虚拟货币交易炒作提供服务问题，约谈了工商银行、农业银行、建设银行、邮政储蓄银行、兴业银行和支付宝（中国）网络技术有限公司等部分银行和支付机构。	对加密货币交易有信息披露和税收要求：新基础设施法案要求对加密货币加强税收执法，其中经纪人（即任何负责并定期提供任何实现数字资产转移的服务的人）均须提供税务报告，具体到每个客户的姓名和地址，以及有关总收益的详细信息，预计有望贡献280亿美元的税收。

续表

项目	中国	美国
首次币发行（ICO）	全面禁止 ICO：2017 年 9 月 4 日，中国人民银行、中央网信办、工业和信息化部、工商总局、银监会、证监会、保监会联合发布《关于防范代币发行融资风险的公告》，正式叫停 ICO。	将 ICO 纳入监管体系：2017 年，美国证券交易委员会表明将代币分为证券型代币和工具型代币两种，并且坚持认为，如果某代币属于证券型代币，那就得在目前证券法规定的范围内运作。
挖矿	打击高耗能挖矿：2021 年以来，内蒙古、青海、四川等地陆续提出挖矿清理整顿计划。	对挖矿保持中立：参议员对经纪人的定义提出修改意见，认为不应对矿工和开发者征税。
稳定币	同虚拟货币，全面封禁。	美国货币监理署（OCC）声明，美国国家银行和联邦储蓄协会可以成为区块链稳定币的运行节点，并将关联的稳定币用于"许可的支付活动"。
央行数字货币	数字人民币已进入全民公测阶段。	是否发行尚处于讨论之中。

资料来源：ICBCI Research。

2021 年 7 月 19 日，美国财政部长耶伦召集美国监管机构讨论稳定币规则，并指出需要迅速出台稳定币监管框架。中国央行发布的《中国数字人民币的研发进展》白皮书中，也强调了稳定币潜在的诸多风险和挑战。需要明确的是，中美监管机构所针对的稳定币特指上述分类中的法币稳定币。锚定法币的稳定币为何在此阶段同时受到中美监管机构的高度重视？我们认为主要是缘于其特殊性。纵览私人机构发行的数字货币，唯有法币稳定币具有货币属性，而相较传统法币又能改善跨境支付的痛点，或直接与公共法币形成竞争关系，对原有金融体系的稳定构成一系列威胁：第一，使用稳定币的公众可能缺乏适当的保护。比如，USDT常因储备资产的公开透明度低而遭人诟病，即便足额发行，其资产构成也由发行方自主决定，面向传统金融机构的准备金率要求并不适用，或会触发挤兑风险。第二，稳定币的匿名性对反洗钱构成障碍。稳定币允许在完全匿名的基础上进行交易，虽然解决了数据隐私问题，但会显著增加洗钱的犯罪风险。第三，稳定币还可能对政府在货币创造中的作用产生威胁。由于发行者增发稳定币并不受限制和审查，因而其或将大量的非现金资产转换为高能货币，从而造成额外的信贷扩张。

◎ 中美对数字货币的监管态度差异

对于以资产为主要属性的数字货币，中美整体上否定，态度趋同，但监管力度及方向有所差异：一方面在于监管加密资产的交易行为。巴塞尔委员会发布的《对加密资产敞口的审慎处理》遵循最低标准原则，各国可以根据自身情况实行更严格的监管。美国监管符合协议最低标准，旨在将私人数字货币纳入既有金融监管框架，虽不排斥交易，但要加以合理监管，并依法纳入税收体系。2021年1月，美国货币监理署提出，允许美国国家银行和联邦储蓄协会使用受到监管的公有区块链和稳定币进行结算。近期，美国参议院提出的新基础设施法案明确要求对加密货币加强税收执法，其中经纪人均须提供税务报告，具体到每个客户的姓名和地址，及有关总收益的详细信息，预计有望贡献 280 亿美元的税收。我国则处于更严格的监管情形，通过全面禁止本国银行类金融机构有加密资产敞口，杜绝对国内金融稳定可能存在的潜在风险。2021 年 6 月，央行就虚拟货币交易炒作问题约谈多家银行与支付机构，再次强调不得为相关活动提供账户开立、登记、交易、清算、结算等产品或服务。另一方面在于打击高耗能的挖矿行为。自 2021 年 3 月开始，中国的内蒙古、新疆、四川和青海等地相继提出挖矿停业整顿的计划。根据剑桥大学数据，中国比特币挖矿活动在全世界的占比已从 2020 年 4 月的 65％下降至 2021 年 4 月的 46％。而美国在新基础设施法案中，则有参议员对经纪人的定义提出修改意见，认为不应对矿工和软件开发者征税。

对以货币为主要属性的数字货币，中美监管部门均认可货币应由公有部门主导，但公有部门的参与路径出现分岔。美联储在发布的文章中提到，虽然私人稳定币的发展势不可当，但货币由私人部门发行在历史上却并非首次出现，19 世纪美国的自由银行时代即类似当前稳定币的野蛮生长现状。私人货币由于无法满足公众任何时候都能足额偿付的需求，加大了验证货币价值的社会成本，最终在一系列法案的推出之下退出历史舞台。稳定币亦将如此。文章同时提出关键结论——对于稳定币造成的潜在系统性风险，有两种解决方案：第一是规范稳定币的发行者，将其转变为公共货币；第二则是自行推出公共属性的央行数字货币，全面取代稳定币。当前，中国央行自主研发的数字人民币已进入全民公测阶段，无疑选择了第二种解决方案。美联储尚未做出确定性选择，但我们认为，美联储的确有理由采用第一种相对温和的方案。正如美联储副主席演讲中所述，央行数字货币由美联储研发不一定比私营部门做得更好，还将耗费巨大的公共系统开发成本。目前的法币稳定币主要锚定美元，因此美国只需要将美元稳定币纳入监管范围，就能实际控制所谓的"许可链"，延续美元在全球经济中的霸权主义。据报道，2020年，稳定币USDC和USDT的地址均出现配合执法机关被封禁的情形，这一定程度上表明，美国通过对美元稳定币的监管和控制，也能与SWIFT金融制裁达到类似效果。

就数字货币的未来发展路径，中美监管部门均做出了既有条件下的理性选择。中美现阶段在货币地位、发展阶段与市场氛围方面的不同，正在左右各自应对数字货币变革的路径选择。由此，中美监管部门在数字货币相关领域推出的政策并非碎片化的，而是体现了基于现实情形的统筹连贯性。中国身为旧有体系的挑战者，改革更为激进，率先推出央行数字货币以适应数字经济时代的变化。而美国作为守成者，推出数字美元的进度相对滞后，主要目标是先将私营部门发行的美元稳定币纳入监管范围。见微知著，中国未来数字经济的发展将更强调公私的分工分层，要求公有部门主导下一代互联网金融和计算基础设施的有序管理，为私营部门专注于应用领域的业务创新创造良好条件。相较之下，美国将更注重公私的竞争协同，不严格区分基础设施与创新应用的公私合作模式。上述两种发展路径各有千秋。中国在基础设施领域的自然垄断能够最大程度保证效率，在统一的央行数字货币基础上，无论是资本市场还是实体经济的创新，方向更为明确。而美国在更开放的发展路径上，有望在自然演化中孕育创新机会，但在本适合自然垄断的公共领域或会出现竞争的资源浪费。

三、从 NFT 看数字经济发展三大范式

◎ NFT 热潮

2006 年的喜剧电影《疯狂的石头》讲述了一块价值连城的翡翠的故事。到了 2021 年，"疯狂的石头"再次上演，主角却变成了一幅幅长相雷同的数字艺术品。2021 年 8 月，一幅虚拟的石头画像以大约 130 万美元的价格售出，创下了 NFT 艺术品系列 EtherRock 的拍卖纪录。区别于比特币、央行数字货币等同质化货币，NFT（非同质化代币）是一种通过区块链确认权属的非同质化代币，即每一个 NFT 都是独一无二的，而 Ether-Rock 正是 2017 年在以太坊区块链上创建的一组 NFT 收藏品，限量 100 枚。每个 EtherRock 石头图像除了颜色不同，在设计图样上都是相同的，灵感来自 1975 年末流行的经典宠物石

(Pet Rock) 玩具。除了"疯狂的石头"之外，还有更多看似是智商税的 NFT 商品在平台上拍卖出天价，比如平平无奇的像素头像 CryptoPunk 曾挂出超过 9 000 万美元的报价。Dune Analytics 数据显示，2021 年 8 月全球最大的 NFT 交易平台 Opensea 交易额超过 34 亿美元，是 7 月的 10 倍有余。

虽然 NFT 的大肆炒作并不可取，但将区块链技术运用于数字商品权属的确认却并无害处。因此，在中国，虽然 NFT 的拍卖交易属于违法行为，但是各大头部互联网企业纷纷致力于区块链研发，推动数字商品产权体系的建立。比如，2021 年支付宝联合敦煌美术研究所共同推出基于两款蚂蚁链发行的付款码皮肤 NFT，每款 NFT 限量 8 000 份，售价为 10 个支付宝积分加 9.9 元。聚集了大量年轻人的 B 站也研发了高能链开放平台，提供数字资产的上链渠道，对平台上创作者的价值和产权进行全方位保护。NFT 通过区块链技术改变了用户与数字商品的关系，让用户除了获取使用价值之外，还能在技术意义上拥有它们。如果从更长期的维度来看，NFT 也是区块链和加密货币的出圈代表，预示下一代数字经济的发展方向。

◎ NFT 是什么

NFT 是一种建立在区块链标准之上的数字商品，以代码标记出商品的所有权，并且支持在开放市场自由交易。NFT 赋予用户对数字商品的所有权和管理权，而不再局限于使用权。从长期来看，产权的可追溯和可转让不仅能为创作者提供更多激励，还将提升购买者对数字商品的消费意愿。为指明 NFT 和加密货币先行者的共性与差别，我们总结出 NFT 的三大特征：第一，NFT 是存证，而非证券。NFT 不涉及未来可能产生的现金流，仅是现有数字商品的存证，本身不具备证券属性。第二，NFT 虽是非同质化代币，但并非完全"不可分割"。一个完整的 NFT 可以借助智能合约托管拆分成若干个碎片化代币，从而实现和同质化代币一样的高流动性，但这种操作有将 NFT 证券化的嫌疑。截至 2021 年 8 月 31 日，NFT 头像顶流 CryptoPunk 的地板价已经接近 40 万美元，有收藏者将手中的 punk 碎片化，以此降低购买与投资 NFT 的资金门槛。第三，NFT 的社交价值大于实用价值。在传统物理世界，人们通过穿戴奢侈品或者收藏小众艺术品来彰显身份地位，获得社交认同，进入相应的圈层。当人们花费更多时间沉浸于线上世界时，同样也有展示社会地位或者获得圈层认同的需求。因此，支持实时在社交平台上展示的 NFT 头像获得了巨大的成功，而顶级奢侈品牌 LV、Burberry 以及 Gucci 也敏锐地察觉到新趋势，纷纷进军 NFT 领域。

抛开无处不在的投机者，数字货币正在不断"出圈"。最初比特币和以太坊等公链以数学公式和物理规律为底层支撑，往往对极客和码农具有吸引力；而随着加密货币借贷需求的涌现，熟悉金融知识的专业人士能够识别项目的风险收益，逐渐进入去中心化金融（Defi）的领域。NFT 的出现则标志着以数字货币为经济基础的下一代数字经济落地到具体的生态内容,大幅降低了投资数字货币的技术门槛。相比山寨币令人眼花缭乱的项目白皮书,NFT 的锚定物是已被公众普遍认知的数字商品,比如图片、音乐和视频。虽然"万物皆可 NFT"的说法存在夸张成分,但其从侧面反映出在圈层文化盛行的当下,以 NFT 为核心形成的原生社群能够适应各大圈层对于身份认同、社交质量以及商品收藏的需求。以此判断,未来数字货币要进一步下沉走向大众,还要将这些非必需品(奢侈小众)消费转向必需品(普通大众)消费,去中心化应用(decentralized app)可能成为下一个热潮(见图 8-3)。

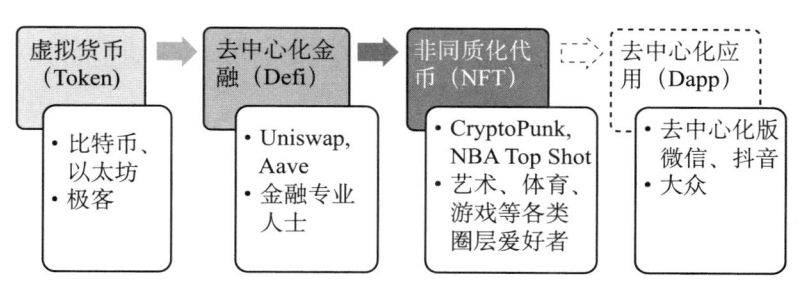

图 8-3 数字货币的"出圈"路径

资料来源:ICBCI Research。

◎ **下一代数字经济的三大派系:原始森林、国家公园与东方园林**

从价值基础 FT(同质化代币)到金融设施 Defi(去中心化金融),再到 NFT、Dapp(去中心化应用)等内容生态,Web3.0 的生态系统羽翼渐丰,受众面也逐渐变得广泛。Web3.0 的设想是构建一个去中心化的虚拟空间,但我们肉体仍身处中心化的物理世界,因此在中心化与去中心化的边界探索之中,下一代数字经济价值网络将呈现三大特征鲜明的发展范式:加密范式就像原始森林,无须许可的野蛮生长之下暗藏危机;美国范式像国家公园,以生态保护为名却有"南橘北枳"之患;中国范式像东方园林,讲究因地制宜但高度依赖于造物者的智慧(如图8-4所示)。

	经济基础	金融设施	生态应用
加密范式 原始森林	比特币、以太坊	不受监管的Defi;以智能合约代替金融中介,但可能存在漏洞,损害客户资产权益	基于公链,一、二级市场自由交易,支持碎片化
美国范式 国家公园	美元稳定币、Diem	将Defi纳入监管体系;给予法律保护的同时,须披露交易信息	基于公链,或附加纳税、披露信息等要求
中国范式 东方园林	数字人民币	Cefi供应链金融	基于公司的联盟链/私有链,不存在二级市场交易

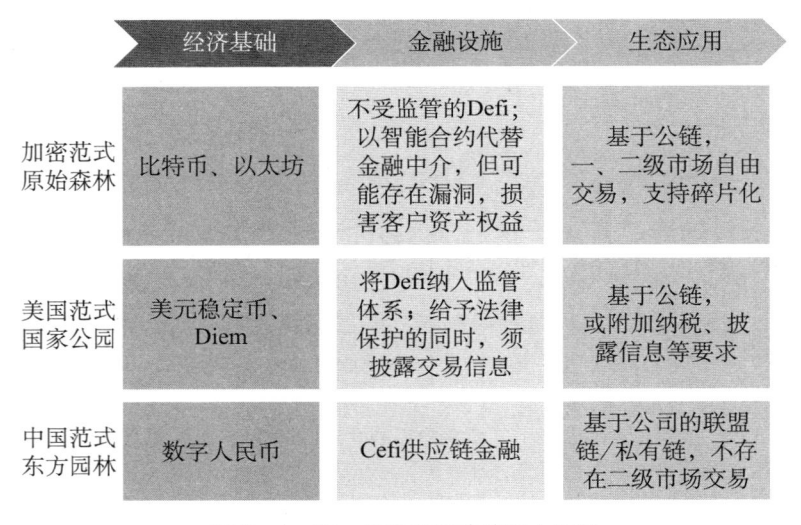

图8-4 下一代数字经济的三大派系

资料来源:ICBCI Research。

目前来看,三大范式并无明显的孰优孰劣之分,所谓"条条大路通罗马",它们都有可能成为通往下一代数字经济的关键。它们在适应全新的价值捕捉模式的过程中,仿佛置身于三个平行宇宙:虽然在经济基础、金融设施和生态应用的每个环节均不缺席且几乎同步发展,但发展模式却具有鲜明的特征。

第一类是加密范式,它像是原始森林,无须许可、不受控制地自由生长。比特币、以太坊等公链数字货币是加密世界的经济基础,甚至无须与法币体系对接,在"原始森林"中自成完整的经济系统体系(元宇宙)。去中心化金融(Defi)是加密世界的金融基础设施,以智能合约代替金融中介,自动执行代码,保证金融服务的快速、普惠与安全。然而,智能合约也可能存在漏洞,对投资者的利益构成巨大威胁。比如 2021 年 8 月 Poly Network 跨链协议被盗 6.1 亿美元的资产,就是黑客利用潜在漏洞获取私钥信息将资产转移至其他地址。在应用领域,加密世界的 NFT 目前大多建立在以太坊标准之上,不仅支持一、二级市场的自由交易,还能够通过碎片化降低 NFT 的投资门槛,以提升流动性,再度助推潜在泡沫。"原始森林"的特点是通过快速迭代推动技术突破,以黑洞效应虹吸人才和资源,但是同时也伴有丛林法则,森林常有狼出没,并不是每个人都能活着走出来,不具备识别合约和共识的潜在风险能力的群体将会被残酷淘汰。

第二类是美国范式,它像是国家公园,整体受政府的保护与监管,但内部生态发展尽可能顺其自然。"国家公园"的经济基础是美元稳定币或者 Diem,去中心化金融带来的创新能够被监管所接纳,但是需要整合入现有的金融监管体系,在法律保护投资者权益的同时,要求披露各项交易信息。美国证券交易委员会主席加里·盖斯勒呼吁国会赋予美国证券交易委员会监督加密货币交易的权力，以更好地监管加密货币交易、借贷以及去中心化金融平台。依托于加密世界原生公链的NFT可以在公园内繁荣生长，但未来或附加纳税、信息披露等额外要求。"国家公园"的特点是半许可状态，在保证稳定有序的同时减少人为干涉，大型科技公司的中心化生态和原生于加密世界的去中心化设计能够竞争共存。值得注意的是，加密世界的原生数字资产及应用或许并不兼容传统的法律法规体系，生搬硬套可能形成"南橘北枳"的局面。

第三类是中国范式，它像是东方园林，完全脱离于野蛮生长的加密世界，呈现政府许可下井然有序、因地制宜的独特景致。虽然加密货币、去中心化金融以及原生NFT在中国并不获许可，但是中国从未放弃Web3.0的建设，并且根据自身情形做出了调整。央行自研自建的数字人民币是下一代数字经济的货币基础，以区块链技术助力供应链金融，显著降低中小企业的融资成本和效率。在生态应用领域亦是一脉相承，2021年中国的互联网龙头企业也分别推出了各自的NFT收藏品，它们的设计避开了炒作和猎奇心理，更专注于为创作者提供良好的版权保护环境。这些NFT不建立在公链上，而是依托于公司自身打造的联盟链确认权属，且现阶段不支持二级市场交易，以此防止投机泡沫。"东方园林"是师法自然的造园艺术，追求源于自然而高于自然，但不可否认的是，园林设计是对人类智慧的考验，因而这一派系能否成功取决于管理者的治理水平和执行能力。

与直觉相反的地方在于，去中心化未必激励创新，中心化也未必抑制创新，找到两者的平衡边界才是关键。上述三种范式的中心化程度虽然由上至下递增，但并无明显的孰优孰劣之分，它们更可能在下一代价值网络中共存。当前，全球最大的 NFT 交易平台 Opensea 出现了大量的盗版问题。一个最初用于确认产权归属的打假工具为何演变为售假平台？这或许就是过度去中心化所导致的。NFT 不依赖于平台，虽能保证上链后的资产权属无法篡改，却并不能保证资产由链下向链上迁移的记录（也可以理解为资产从物理世界向数字世界的转移过程）是准确的。

通俗来说，假如 A 将一首他人创作的歌曲上传到区块链上做成 NFT，NFT 会将初始歌曲的所有者标记成 A，并且不能检验出这首歌曲是否真的是 A 创作的。相较之下，腾讯发布的 NFT《十三邀》音频则是由中心化机构认证的嘉宾共同创作的，中心化设计反倒保证了 NFT 的收益能够返还至真正的创作者。从这一角度看，中心化似乎相比去中心化更能保护创新。归根结底，我们仍生活于一个中心化主导的物理世界，在肉体尚未消亡之前，中心化与去中心化或将永远陷于纠缠共存的状态之中。

参考文献

中文文献：

北京大学数字金融研究中心．北京大学数字普惠金融指数（2011—2018），2019.

第一财经商业数据中心．2020Z 世代消费态度洞察报告．（2020－08－17）．https：//www.cbndata.com/report/2381/detail?isReading＝report&page＝1.

范一飞．关于数字人民币 M0 定位的政策含义分析．金融时报，2020－09－14.

华为．全球联接指数 2019.（2019－11－19）．http：//www.huawei.com/minisite/gci/cn/.

麦肯锡．赢得"后浪"：亚太地区 Z 世代消费者研究．（2020－08－10）．http：//www.mckinsey.com.cn/赢得后浪：亚太地区 Z 世代消费者研究/.

牛津经济研究院．Z 世代在塑造数字经济中的作用．http：//www.docin.com/p-2629771377.html.

零壹财经，零壹智库，数字资产研究院．人民币 3.0：中国央行数字货币运行框架与技术解析，2019－10.

姚前. 中央银行数字货币原型系统实验研究. Journal of Software, 2018, 9: 2716-2732.

姚前. 基于区块链的新型金融市场基础设施. 中国金融, 2019 (23): 24-26.

姚前. 法定数字货币的经济效应分析: 理论与实证. 国际金融研究, 2019, 381 (1): 16-27.

姚前. 数字现金原理与比特币的优缺点. 清华金融评论, 2019.

姚前. 数字经济与数字税. 清华金融评论, 2020 (12): 55-57.

中国人民银行. 2020年支付体系运行总体情况. (2021-03-24). http://www.pbc.gov.cn/goutongjiaoliu/113456/113469/4213347/index.html.

中国人民银行数字货币研究所区块链课题组. 区块链技术的发展与管理. 中国金融, 2020 (4).

中国人民银行数字人民币研发工作组. 中国数字人民币的研发进展白皮书, 2021.

中国人民银行数字货币研究所. 数字货币的应用钱包与银行钱包进行绑定的方法和系统, 2017.

中国信息通信研究院. 中国数字经济发展白皮书, 2021.

中国信息通信研究院. 全球数字经济白皮书——疫情冲击下的复苏新曙光, 2021.

英文文献:

ADRIAN T, MANCINI-GRIFFOLI T. The rise of digital money. IMF Fintech Note 19/01, 2019.

AL-RIYAMI S S, PATERSON K G. Certificateless public key cryptography. In International conference on the theory and application of cryptology and information security. Springer, 2003: 452-473.

ALI R, BARRDEAR J, CLEWS R, SOUTHGATE J. Innovations in payment technologies and the emergence of digital currencies. Bank of England Quarterly Bulletin, 2014, Q3.

AGUR I, ARI A. DELL'ARICCIA G. Designing central bank digital currencies. IMF Working Paper, 2019.

AUER R A, CORNELLI G, FROST J. Rise of the central bank digital currencies: drivers, approaches and technologies. CESifo Working Paper, 2020.

AUER R, BöHme R. The technology of retail central bank digital currency. BIS Quarterly Review, 2020, March.

AUER R, HAENE P, HOLDEN H. Multi-CBDC arrangements and the future of cross-border payments. BIS, 2021.

Bank of England. Central bank digital currency: Opportunities, challenges and design. Discussion Paper, 2020.

Bank for International Settlements. Central Bank Digital Currencies: Foundational Principles and Core Features, 2020.

Bank for International Settlements. Central bank digital currencies: system design and interoperability, 2021.

Bank for International Settlements. Central bank digital currencies: user needs and adoption, 2021.

Bank for International Settlements. Central bank digital currencies: financial stability implications, 2021.

BCBS. Prudential treatment of cryptoasset exposures, 2021.

BOSWELL E, GAMBA A, HAKOBYAN S, LUSINYAN L, MEADS N, WU Y. Reserve Currencies in an Evolving International Monetary System. IMF, 2021.

CHAIR GARY GENSLER. Remarks Before the Aspen Security Forum. SEC, 2021.

Federal Reserve. Money and Payments: The U. S. Dollar in the Age of Digital Transformation, 2022.

FERNÁNDEZ-VILLAVERDE J, SANCHES D, SCHILLING L, UHLIG H. Central bank digital currency: Central banking for all? . Review of Economic Dynamics, 2020.

FIEDLER S, GERN K J, STOLZENBURG U. The Impact of Digitalisation on the Monetary System. ECON Committee Monetary Dialogue Papers, 2019.

Group of Thirty. Digital currencies and stablecoins: Risks, opportunities, and challenges ahead: report published by Group of Thirty. Washington, D. C. , 2020.

GORTON G B, ZHANG J. Taming Wildcat Stablecoins. Available at SSRN 3888752, 2021.

HE D, MANCINI-GRIFFOLI T, DELL'ARICCIA G, PERIA M M, HAKSAR V, LIU Y. Digital Money Across Borders: Macro-Financial Implications. IMF Staff Report, 2020.

HKMA. e-HKD: a Technical perspective, 2021.

JACKSON M O. The human network: How your social position determines your power, beliefs, and behaviors. Vintage, 2019.

KLEINFELD J. Could it be a big world after all? The six degrees of separation myth. Society, 2002, April.

KUMHOF M, NOONE C. Central bank digital currencies design principles and balance sheet implications: Staff Working Paper of Bank of England Libra Association. Libra white paper v2.0 (2020). http://Libra.org/en-vs/white-paper/, 2018, 725.

MCKINSEY. A Version for the future of cross-border payments, 2020.

NAKAMOTO S. Bitcoin: A peer-to-peer electronic cash system. Manubot, 2019.

PRUMMER A. Spatial advertisement in political campaigns. Working Paper, 2016 (No.805).

RANDAL K Q. Parachute Pants and Central Bank Money: At the 113th Annual Utah Bankers Association Convention. Idaho, 2021.

SALGANIK M J, HECKATHORN D D. Sampling and estimation in hidden populations using respondent-driven sampling. Sociological methodology, 2004, 34 (1): 193-240.

WALLER C J. CBDC: A solution in search of a problem?: Speech at the American Enterprise Institute. Washington, D.C.: 2021.

图书在版编目（CIP）数据

数字经济与数字货币：人民币的新角色/程实，高欣弘著．--北京：中国人民大学出版社，2022.10
ISBN 978-7-300-31027-5

Ⅰ.①数… Ⅱ.①程… ②高… Ⅲ.①信息经济—研究 ②数字货币—研究 Ⅳ.①F49 ②F713.361.3

中国版本图书馆 CIP 数据核字（2022）第 176484 号

数字经济与数字货币
人民币的新角色
程　实　高欣弘　著
Shuzi Jingji yu Shuzi Huobi

出版发行	中国人民大学出版社		
社　　址	北京中关村大街 31 号	邮政编码	100080
电　　话	010-62511242（总编室）		010-62511770（质管部）
	010-82501766（邮购部）		010-62514148（门市部）
	010-62515195（发行公司）		010-62515275（盗版举报）
网　　址	http://www.crup.com.cn		
经　　销	新华书店		
印　　刷	天津中印联印务有限公司		
规　　格	148 mm×210 mm　32 开本	版　次	2022 年 10 月第 1 版
印　　张	8.625	印　次	2022 年 10 月第 1 次印刷
字　　数	156 000	定　价	68.00 元

版权所有　　侵权必究　　印装差错　　负责调换